法治视角下
高职院校内部治理
现代化研究

欧阳恩剑 著

广东高等教育出版社
Guangdong Higher Education Press

·广州·

图书在版编目（CIP）数据

法治视角下高职院校内部治理现代化研究/欧阳恩剑著. —广州：广东高等教育出版社，2017.7

ISBN 978-7-5361-5906-8

Ⅰ.①法… Ⅱ.①欧… Ⅲ.①高等职业教育-社会主义法制-法制教育-研究-中国 Ⅳ.① D920.4 ② G718.5

中国版本图书馆 CIP 数据核字（2017）第 112370 号

出版发行	广东高等教育出版社
	地址：广州市天河区林和西横路
	邮政编码：510500　电话：(020) 87553335
	http://www.gdgjs.com.cn
印　刷	南方医科大学广州广卫印刷厂
开　本	787 毫米 ×1 092 毫米　1/16
印　张	8.75
字　数	167 千字
版　次	2017 年 7 月第 1 版
印　次	2017 年 7 月第 1 次印刷
定　价	25.00 元

前　言

当前,"治理"不仅是理论界研究的一个热点问题,而且是世界各国大力推行的一种治国理念。虽然"治理"是一个热词,但是理论界对其内涵界定存在一定分歧,定义较多,例如英国学者罗茨(Rhodes)归纳了六种定义,斯托克(Stoker)归纳了五种定义,荷兰学者基斯·冯·克斯伯根(Kees van Kersbergen)和佛朗斯·冯·瓦尔登(Frans van Waarden)归纳了九种定义。这些定义说明:虽然不同学者表述的方式和强调的重点不同,但治理作为一种理念已被不同领域所接受,也达成了一些基本共识,即治理是多主体参与的、共同解决公共问题的过程。联合国开发计划署(Untied Nations Development Programme,UNDP)的定义比较全面地阐释了治理的核心特点:"治理是指一套价值、政策和制度的系统,在这套系统中,一个社会通过国家、市民社会和私人部门之间,或者各个主体内部的互动来管理其经济、政治和社会事务。它是一个社会通过其自身组织来制定和实施决策,以达成相互理解、取得共识和采取行动。治理由机制和过程组成,通过这些机制和过程,公民和群体可以表达他们的利益,缩小他们之间的分歧,履行他们的合法权利和义务。规则、制度和实践为个人、组织和企业设定了限制并为其提供了激励。治理有社会、政治和经济三个维度,可以在家庭、村庄、城市、国家、地区和全球各个人类活动领域运行。"

从根本上讲,治理就是在法治理念指导下的一种善治。国家治理能力和水平的现代化离不开法治提供的一整套系统完善的权利、义务、规则和程序。当前,我国高职教育处于从规模扩张向内涵发展转型的关键期、过渡期,治理改革是其中重要一环。教育部从强调各高校制定大学章程入手,一方面明确政府、社会、学校的关系;另一方面规范大学的办学行为,通过规章推进高等教育的现代化。在这一背景下,高职院校作为高等教育的一个类型,由于其管理模式一直照搬本科院校的管理模式,其管理水平和能力存在先天不足。高职院校深厚的行业背景、灵活的办学模式、紧密的校企关系是治理改革的优势,完全可以发挥后发优势,在治理改革特别是理事会的构建上先行一步,率先走出治理现代化的新路。

目 录

第一章 绪论 …………………………………………………………… 1
- 第一节 研究背景 ……………………………………………………… 1
- 第二节 研究目的与意义 ……………………………………………… 9
- 第三节 研究现状 ……………………………………………………… 11
- 第四节 研究方案 ……………………………………………………… 19

第二章 高职院校内部治理现代化的基础 ………………………… 28
- 第一节 核心概念的比较分析 ………………………………………… 28
- 第二节 高职院校内部治理现代化的理论基础 ……………………… 51
- 第三节 高职院校内部治理法治化的社会基础 ……………………… 70

第三章 大学章程与高职院校内部治理的关系 …………………… 75
- 第一节 大学章程的性质及特征 ……………………………………… 75
- 第二节 大学章程在高职院校内部治理现代化中的作用 …………… 81
- 第三节 大学章程要素的国际比较 …………………………………… 84
- 第四节 高职院校章程的特色研究 …………………………………… 99

第四章 我国高职院校内部治理结构存在的问题 ………………… 108
- 第一节 我国公办高校内部领导体制的历史演进 …………………… 108
- 第二节 我国高职院校内部治理存在的问题及原因 ………………… 112

第五章 我国高职院校内部治理现代化的标准与路径 …………… 114
  第一节 高职院校内部治理现代化的内涵及标准 …………… 114
  第二节 高职院校内部治理现代化的构建路径 ……………… 120

参考文献 ……………………………………………………………… 129
后记 …………………………………………………………………… 131

第一章 绪 论

第一节 研究背景

一、全球性治理危机

现代化运动发源于 1500 年前后的西欧，这一时期发生了东罗马帝国灭亡、地理大发现以及宗教改革等重大历史事件，改变了人类文明的发展进程。现代化是人类社会发展到一定时期的产物，具有时间、空间、价值等三个维度。现代化社会对传统性与现代性做了一个基本的分野：经济上表现为从自给自足的自然经济向市场经济转变；政治上表现为国家治理由人治向法治、由专治向民主转变；社会上表现为由传统农业社会向现代工业社会转变；文化上表现为从迷信愚昧向科学理性转变。

（一）治理危机的"蝴蝶效应"

20 世纪 80 年代后期，世界范围内出现了一些重大变化，从而引发了一些治理危机，如金融动荡、粮食短缺、环境生态破坏、气候变暖及产品安全等，这些问题涉及的领域非常广泛，具有跨国性、动态性及不确定性，单独一个国家或国际组织已经无法应对解决问题，需要依赖各国之间的合作以及国家治理现代化。与人们日常生活、生产关系最为密切的治理问题更加复杂化及风险化，全球出现了许多新型治理问题。虽然国情不同，遭遇危机的种类不同，但危机的"蝴蝶效应"却基本相同，例如 2008 年的全球金融危机从美国首先爆发，之后蔓延到欧洲，许多西方发达国家都卷入其中。这些事实说明，在全球化背景下，世界各国都要改革相关的治理体系，解决国家治理能力有限的问题。国际事务专家库普钱教授认为，目前西方世界出现了治理危机，西方治理模式进入了明显的无效期，原因在于：一是全球化已经使这些国家的许多传统政策工具失灵；二是西方国家民众要求解决的许多问题

都需要一定程度的国际合作；三是国内社会公众情绪低落并且分裂严重，无法形成有效的公众参与、社会竞争以及制度制衡。

（二）全球治理危机的共性表现

1. **国家治理能力的局限性**

国家能力的有限性是客观存在的，但国家在应该发挥更大作用的问题上，能力不足会延误问题的应对和解决。国家面临的问题主要有三类：一类是跨国界，乃至全球性问题。处理这类问题需要国家具有国际合作意愿并有达成意愿的合作机制。另一类是需要集中大量资源，采取大规模集体行动予以应对的问题。处理这些问题要求国家拥有雄厚的财政实力和社会号召力。还有一类是涉及多个主体，尤其是其他主体能够抗衡国家权力，甚至发挥主导作用的问题。处理这类问题要求国家与其他主体之间有对话与合作的平台，国家能够说服或者强制其他主体采取共同的，尤其是具有长远眼光的行动。显然，许多国家在面对这三类问题时，常常缺乏足够的资源、有效的协调机制以及应有的合作文化习惯。著名学者福山认为，2008年全球金融危机之后，西方国家，尤其是美国出现了政治衰颓趋势，由于受到国内利益集团的干扰、制度之间的相互制约，许多关系到未来以及更多公众利益的重大决策无法做出，形成了一种"否决体制"（vetocracy）。

2. **国家治理技术的单一化**

国家合法垄断着暴力和财政收入，在长期的发展过程中构建出了一套有历史文化和制度机制支撑的治理手段和技术。国家治理技术的单一化是相对于治理主体的多样化和治理问题的流动性而言的，依托属地管辖、部门负责的科层制治理方式就会出现"有组织的不负责任"的问题。虽然在形式上每个政府部门和各级政府都有明确的责任范围，但是一旦出现难以明确责任的问题，就容易相互推诿。更重要的是，面对社会主体需求的多样化，国家作为治理秩序提供者的回应常常滞后并且缺乏灵活性，缺乏将多样化需求进行整合、形成共识的有效机制。从世界范围来看，一个国家掌握的治理手段和技术的丰富性往往与该国的发展水平呈正相关关系，因此发展中国家面对诸多新的治理问题，除了缺乏资源外，在治理技术和手段上也是捉襟见肘。发达国家也不例外，常常面对许多问题手足无措。在应对2008年爆发的全球金融危机时，包括美国在内的国家借用久违的国家干预手段。政治经济学专家罗德里克教授形象地说，现在出现了民族国家、民众政治以及全球化的"三难选择"，只能有两个可以同时共存。

3. **国家治理的合法性**

国家是治理过程中唯一的公共权威，其他治理主体的合法地位往往来自国家的授权或者同意，而国家的合法性又来自社会公众对它的认同。然而，调查显示，在许多国家，尤其是包括美国在内的发达国家，社会公众对政府的信任度呈下降的趋势。收入差距的普遍扩大、社会公众权利意识和自组织能力的增强、多样化政治认同的出现等变化，一方面凸显了国家在解决问题上的失效，另一方面扩散了社会上的民粹主义和怀疑国家的情绪，从而加剧了国家权威性的弱化。

为了应对治理危机，从20世纪80年代以来，世界各国纷纷开始改革政府，鼓励治理创新。政府创新成为世界性潮流，联合国为此还成立了全球政府创新论坛，为各国交流经验、形成共识提供平台。学者卡马克曾分析了80年代以来世界各国20年的改革实践，总结了低成本政府、优质政府、专业政府、电子政府、较少管制的政府、廉洁和透明的政府等六个基本特征。在她看来，政府改革的核心是如何认识政府与私人部门、公民的关系以及他们各自承担的使命和责任。换句话说，国家与社会、市场之间如何形成适当的关系，是各国乃至全球层面建构有效治理结构的核心问题。而国家又是这个结构中的核心主体。正如福山所说，20世纪政治的一个非常鲜明的特征就是对国家职能和作用的争论。而后"9·11"时代全球政治的首要问题不是谈论这种争论，而是如何重建国家的职能和作用。因为无论对于单个社会还是国际社会而言，国家的衰亡并不是通向理想国而是灾难的前兆。

二、我国治理体系和能力现代化的提出

"治理"本身就具有现代化特征，与"统治""管理"等词语在含义上有着较为明显的区别。"统治"的含义描述为"像君主那样控制、管理国家"，这个词语的解释暗含着权力主体的单一性，人民对其发号施令只有服从与执行的义务。"管理"则重点强调政府管控的强制性；而"治理"这个词语具有非常鲜明的现代化特征：权力主体的多方化、治理主体间权力平等，治理过程就是政府、社会组织以及人民间的利益博弈；治理这个过程不是由某个人单独说了算，而是需要各方协商达成共识，从而建构起符合多方利益、多数人认同的制度政策等。由此看来，"国家治理"是治理概念的扩充与延伸，"国家治理"的内涵也就相对丰富与开放。

（一）历史背景

现代化与现代化治理并不意味着"西方化"，其更确切的表述为"传统的农业社会或者是落后国家向以西方为代表的更先进的工业社会或者发达国家转变"。现代化的"自我扩张"本能非常强烈，它刚刚在欧洲推进时，欧洲国家依次接受了现代化，当现代化向欧洲之外的地区推进时，表现出来更

为明显的扩张性与强制性，即使是这些地区的文化传统等因素具有重大障碍，现代化仍旧以一种强硬的姿态改变了这些地区原有的面貌。中国面临现代化历史浪潮时，也经历了一个从抗拒到变迁的过程，这个过程充满了积极变革与保守的矛盾与冲突。

1792年，英国使团以为乾隆祝寿为名访问了中国，但是其真正目的是获取商务礼仪以及外交权利。乾隆拒绝了英国马戛尔尼使团的通商要求。但是此时的工业革命，英国急切地想要开拓海外市场、开展海外贸易，文明正常手段行不通时，便采用了武力手段，用坚船利炮打开了中国的大门。中国开始被动地接受现代化的洗礼，打开了向着现代化方向发展之门。我国的现代化经历了器物—制度—文化的发展历程。

我国的现代化进程真正开始是从新中国成立之后，党和国家在之后的各个历史时期都提出了不同的发展目标，将社会主义与现代化建设进行了很好的结合。早期中国现代化进程的最大特点是非均衡性，过度重视物质文明建设。这反映了当时物质资源匮乏、经济落后的情况，经济建设成为社会建设的中心。但是随着我国经济与社会发展，现代化在其最初表现上又有了新变化与新内容，包含的面也更加广泛了，物质文明与精神文明都受到重视，形成了全方位建设有中国特色社会主义发展的格局，党的十八大在社会主义建设上又增添了新内容，形成了"五位一体"的总体社会发展布局。中国共产党随着实践发展对现代化认识更为深刻，现在国家治理体系与治理能力现代化是共产党人对社会主义建设的深刻认识与升华。国家治理现代化更加重视国家建设的价值层面，是从全球化视野下对我国现代化以来的建设经验方面进行了一个总结。

国家治理从传统向现代的转变是多种力量影响合成的结果，这个现代转型的过程没有终点，需要不断完善与改进。党在十八届三中全会上就提出了国家治理体系与治理能力的现代化是有一定的现实需要与依据的。我国的社会主义制度虽然比较完善与优越，但是国家的治理体系与现代化却不是能够一劳永逸的。新中国刚成立时，执政党共产党并没有丰富的治理国家经验，因此选择了模仿苏联发展模式，治理体系是政治与社会高度集中统一的，政党控制着整个国家，而国家则管理着整个社会。这个治理体系在那个特定时期内，促进了社会主义现代化建设，并维护了社会秩序的稳定，也能够较好地进行经济建设，但是随着社会发展，这种治理体系的弊端日益暴露出来，并且束缚了我国的生产力发展。经济基础决定上层建筑，经济建设搞不好，政治建设现代化推进也是一个比较困难的过程，因此我国后来实施了改革开放。

(二) 现实需要

改革开放 30 多年以来，我国形成了一套比较成熟的治理体系，这个体系也是多系统、多结构与多层次的，各个结构与层次负责相应的责任与功能，中国共产党是我国特色社会主义发展的核心领导与主体。改革开放过程中，我们也认识到了市场在经济发展中的重要作用，党的十八届三中全会对市场做了深刻解释，并对市场与政府的关系做了阐述，党和政府部门形成一种历史与价值逻辑的合理统一。从全球历史发展背景来看，一个国家的历史在很大程度上反映了国家治理体系以及治理能力和现代化发展的演变进程。怎样更好地治理国家也是许多有识之士共同思考与探寻的问题。国家治理体系在历史发展进程中，随着各种冲突与矛盾的出现与解决，历史事件与变化也为其注入了新的思想与知识资源，人们已经将人民主权、法治精神以及自由等理想作为现代化国家的必要属性与存在的理由。体系与能力是国家治理不可或缺的两个方面与组成内容，两者也是紧密相连、不可分割的。国家治理近代以来呈现出丰富多彩的发展图景，其内涵也变得丰富多彩。从根本上来说，国家的贫穷与富裕、先进与落后程度等，与国家的治理体系与治理能力关系是非常密切的。因此，世界上的发达国家与发展中国家都在积极完善国家治理体系、增强治理能力，这都是一个国家现代化水平的一个重要衡量指标。

改革开放以来，有三种主要力量推动了中国社会的全方位、深层次的变革，即市场机制发育支撑的高速经济增长；渐进增量式的制度改革与制度转轨；不断扩大的对外开放。而这些力量背后的推动者就是国家。国家通过向市场、社会、地方放权和赋权，将国际因素有目的地引入国内经济社会生活之中，使得国家完全主导，甚至包办一切的"全能主义"单一治理结构逐渐丰富起来，不仅出现了更多样的治理主体，而且国家掌握和学习运用着更多的治理手段。然而，经过 30 多年的发展，国家也从变革的推动者逐步变成需要进一步变革的对象，甚至是被"倒逼"的对象。国家之所以成为变革的对象，是因为经济社会环境发生了深刻的变化。这主要体现在以下八个方面：一是从控制型社会向自主型社会转变；二是从分割静态的社会向流动的社会转变；三是从整体性社会向多元社会转变；四是从封闭孤立的社会向全面开放的社会转变；五是从生产的社会向消费的社会转变；六是从国家财富的社会向个人财富的社会转变；七是从经济不断增长型社会向可持续发展型社会转变；八是从低风险社会向高风险社会转变。这些变化对于长期以来形成的以国家为中心的治理结构产生了两大冲击：一是既有的治理结构虽然在集中资源办大事方面依然保持着很高的效力，但是应对社会领域的诸多问题，尤其是微观化、个人化、突发性的问题却有些无措。这就形成了一方面国家依然能够兴办大规模的工程，举办大型的活动；另一方面却在日常生活的治理中不断出现漏洞和失误，造成了民众的期望与国家发展目标之间差距的拉大。二是前者的后果，即治理结构的核心——国家的权威和信任度有所降低。尽管中国有着悠久的国家中心传统，社会服从国家权威，但是在处理大量新问题的时候，国家无论在反应速度还是解决能力上都存在着明显不足。更重要的是，在一些典型事件中表现出的弱点使社会公众和团体对国家权威的公正性与合理性也产生了质疑，国家的合法性出现了危机。对国家的不信任必然导致对各种制度的不服从，这无疑破坏了整个社会构建信任关系的环境，并使社会行为者无法有序地安排自己的行为预期。大量的短期行为和投机行为因此产生。这既破坏了社会内部的和谐与团结，反过来也对国家作为治理核心的地位和能力提出更严峻的挑战。

全球化的不断深化，使得协调国家与国内社会、国际社会的关系成为各国共同面临的重要任务。面对各种新老问题，已经成型的国家权力使用模式，运用驾轻就熟的政策手段都失去了原来的效力，甚至陷入危机。因此，如何完善国家治理体系、提升治理能力已成为各国面临的共同问题。党的十八届三中全会将完善和发展中国特色社会主义制度，推进国家治理体系和治理能力现代化，确立为全面深化改革的总目标。这个目标的确立基于对中国建设、改革和发展经验的客观分析，也体现了对中国与世界关系发生历史性变化的敏锐判断。中国所要解决的问题不仅只有中国特色，也带有明显的全球性。应该将中国的国家治理现代化置于全球化这个宏观历史背景下进行理解。因此，中国的国家治理现代化是沿着对内和对外双轨进行的。在许多情况下，只有通过改进国际乃至全球治理，才能将国内与国际两种治理资源有效地调动和整合起来，并为国内治理问题的解决创造更有利的条件。

三、经济发展的新常态

（一）我国经济体制的剧烈转型

从20世纪80年代起，我国开始以建设社会主义市场经济体制为目标的经济体制改革。市场经济的建立与完善，使"市场"这只看不见的手在经济和社会生活中发挥着越来越重要的作用。

（二）我国经济发展方式的转型

2014年底召开的中央经济工作会议，对当前历史时期中国经济发展新常态做出了系统分析，提出要认识新常态、适应新常态、引领新常态的新命题。新常态特征就是"中高速、优结构、新动力、激活力"。从产业发展来看，适应、把握、引领新常态，中国经济进入前期过剩产能消化期、经济增速换挡期、结构转型阵痛期"三期叠加"。"三性叠加"是指周期性因素、结构性因素和外源性因素叠加。经济进入新常态，意味着 GDP 增长正式告别以往 10% 的水平，这是经济发展阶段的现状和收入阶段跨越所决定的。表面上看，新常态是增长速度的换挡与调整，但本质上却是增长动力的转换。在增长趋势性放缓的过程中，经济阶段性底部和新增长中枢已逐渐明确，但稳定且持续的新增长动力尚未完全确立，新常态下的平衡也未建立起来。"三转换"是指增长动力的转换，经济发展方式的转换，新旧发展模式的转换。当前我国增长动能处于破旧进行时和立新未完成时并行，新旧增长动力能否顺利衔接，经济能否顺利换挡，经济增长能否上一个台阶，关键在于能否实现增长动力的"去旧换新"。"去旧"即制造业去过剩产能，房地产的去泡沫化和金融领域的去杠杆；"换新"指新增长动力的培育。"十三五"期间我国将打造创新驱动型国家，要素驱动型向创新驱动型转型必然伴随阵痛，即全要素生产率下降，依靠技术进步获取增长的难度和阻力也比以往更大。我国创新基础仍然较薄弱，研发密集度低，科技储备不足，技术推广应用机制不健全。随着资源环境硬约束的突出，要实现从以往依靠大量资源和要素投入的发展模式转向依靠集约型和创新驱动的发展模式，将面临越来越大的困难。制造业是一个国家经济发展的核心动力。在高铁、装备制造和航空航天等资本密集型的重工业制造业领域，我国在国际上的优势比较明显。《中国制造 2025》把智能提升中国制造业整体竞争力作为主要目标，重点发展"新一代信息技术、高档数控机床和机器人、航空航天装备、海洋工程及高技术船舶、先进轨道交通装备、节能与新能源汽车、电力装备、新材料、生物医药及高性能医疗器械、农业机械装备"等十大领域。此规划将通过制造业创新中心建设、智能制造业、工业强基、高端装备创新等五大工程实现。智能制造是工业 4.0 的核心，大数据、云计算及"互联网+"是起点。

四、高等教育治理现代化

近年来，受高等教育国际化、人才需求多元化、人口少子化以及大学财政困难等影响，诸如耶鲁大学、牛津大学、多伦多大学、谢菲尔德大学、东京大学等国外知名大学纷纷进行了治理制度改革。在中国，高等教育经过跨越式发展之后，大学无论是在规模上还是在学科建设水平上都有了较大提升。但是，在这一过程中因大学行政力量膨胀而导致的失范行为屡有发生，教师和学生因校方不合理的决策而采取的对抗性群体事件也开始出现。"学术团体行政化""行政团体学术化"等大学行政化的"狂欢"与学术伦理的

"沉陷"为人们所诟病。上述种种问题俨然已经成为中国大学进一步发展与跻身世界一流目标的羁绊,并由此引出了"钱学森之问"。自2010年以来,建立现代大学制度成为理论界和实践界的共识,并已进入改革的视野。尽管在之后的实践中,出现了诸如"复旦章程"、山东大学和东北大学校长退出学术委员会以及南方科技大学的"去行政化"等改革方面的有益探索,但现今看来,中国大学距离真正意义上的大学自治(university autonomy)的实现依然任重道远。如何通过建立现代大学治理制度,创造有利于大学发展的治理机制,以解决大学发展的体制性障碍,成为一个备受社会各界共同关注的问题。因此,我国高等教育发展顺势步入新常态,两大改革任务最为迫切和关键。一是高等教育发展方式的转型,二是治理方式的转型。"人口红利"的逐步弱化乃至消退,意味着我国高等教育规模扩张期即将终结,解决问题的根本办法在于推动高等教育从外延式发展向内涵式发展转型;新常态下高等教育治理方式的转型,要求改变以往一元、单向的管理方式,走向多元、共治的现代治理方式。

(一) 教育法治化

党的十八届四中全会通过的《中共中央关于全面推进依法治国若干重大问题的决定》,明确提出了建设中国特色社会主义法治体系,建设社会主义法治国家的总目标。法律是治国之重器,良法是善治之前提。完善治理体系,提高治理能力既是适应形势发展的要求,也是推动依法治校,建设现代大学制度的必然选择,更是加强内涵建设,提高教育质量的重要保障。大学治理体系与治理能力的现代化,既是国家的统一意志,也是大学的内在需要,是我国大学走向成熟的重要标志。改革开放30多年来,我国高等教育实现了从精英教育向大众化教育的历史跨越,成为名副其实的世界高等教育大国,并在不断探索中更加坚定了中国特色高等教育的道路自信、理论自信、制度自信。以党委领导、校长负责、教授治学、民主管理为核心内容的中国特色现代大学基本制度框架,构成了我国大学内部治理体系的基础。要实现高等教育大国向高等教育强国的转变,必须推进高等教育治理体系和治理能力的现代化,内化高等教育改革的主要成果和经验。

(二) 教育治理现代化

制定大学章程既是适应形势发展的要求,也是推动依法治校,建设现代大学制度的必然选择,更是加强内涵建设,提高教育质量的重要保障。党的十八届四中全会还提出:"深入推进管办评分离,扩大省级政府教育统筹权和学校办学自主权,完善学校内部治理结构。"中央以纲领性文件的形式提出了高等教育改革的目标和方向，就是要通过政府简政放权，扩大和落实大学办学自主权，建设中国特色的高等教育治理体系。教育治理现代化的核心是法治，而章程建设是实现教育法治化的重要抓手。从历史发展来看，我国大学发展经历了有章程、无章程到重建章程的曲折发展过程。当前启动大学章程的制定和实施，既是国家的统一意志，也是大学的内在需要，更是我国大学走向成熟的重要标志。

第二节　研究目的与意义

一、研究目的

本书在澄清法治、现代化、大学管理与大学治理、大学自治与办学自主权等基本概念的基础上，综合运用管理学、教育学、法学等多学科理论和方法，对高职院校治理基础理论、大学章程与高职院校内部治理结构内在联系以及高职院校内部治理结构具体模型及实现路径进行研究；分析高职院校章程在建立与完善高职院校内部治理结构过程中的地位与作用、高职院校内部治理结构的问题与根源；重点探讨高职院校理事会的成员组成、权利义务、运作机制，提出高职院校治理现代化的内涵、标准与价值；为高职院校内部治理现代化提供了理论基础、具体模型与实现路径。

二、研究意义

（一）理论意义

1. 丰富大学治理理论

建立现代大学制度，是我国高等教育改革的热点和难点问题。以治理理论研究大学制度成为学术界关注的新命题。大学治理从根本上讲是大学章程下的治理，它不仅是政策、管理问题，更是法治问题。推进高职院校内部治理现代化是构建现代职教体系，贯彻落实依法治校，实现高职院校由外延发展向内涵发展的内在需求。本课题以法治为视角，通过探析高职院校内部治理现代化的内涵、标准、进程、差距及实现策略，对丰富我国大学治理理论、完善高职院校内部治理结构、提升高职院校办学水平具有重要的理论意

义,而且对推动高职院校建立起具有职业教育特色的现代大学制度,指导高职院校章程的制定和实施,探索建立与其办学特色相适应的治理结构等具有重要的实践意义。把利益相关者理论、治理理论和法人组织结构理论等管理学理论运用于高职院校内部治理结构研究,对拓展管理理论在高职教育领域的运用具有一定的理论意义。完善大学治理是高等教育改革的基本趋势和历史使命,内部治理结构合理与否关系到高职院校内部行政权力、学术权力的合理配置和有效运行。我国高职院校从建立开始,采用的就是普通本科院校的内部治理结构。如何对先前治理模式进行改革创新,建立和完善符合高职教育要求的内部治理结构,是当前高职教育改革发展的核心问题之一。

2. 深化大学章程的理论研究

制定大学章程是一项技术含量很高的复杂工程,不仅要考虑制定的程序和内容,更重要的是如何通过对各方职权责的规范来体现大学的治理理念和价值追求。我国学术界对大学章程制定和实施等一系列问题的整体研究起步较晚,成果也不多,对高职院校章程的研究更是稀缺。本书对高职院校章程的研究,将进一步深化对大学章程的研究。

(二) 实践意义

1. 有利于推动高职院校建立起具有职教特色的现代大学制度

《国家中长期教育改革和发展规划纲要(2010—2020 年)》明确提出"完善中国特色现代大学制度"。高职院校通过推进内部治理结构改革,建立起与自身发展相适应的科学的决策、执行、监督等三大管理系统,完善"党委领导、校长负责、教授治学、民主管理、社会参与、依法治校"的内部治理结构,逐步建立起具有高职特色的现代大学制度。全面分析高职院校治理主体的责、权、利,制定科学、合理、规范的大学章程并有效实施,对现代大学制度的建设具有重要意义。

2. 有利于指导高职院校章程的制定和实施

在章程视野下探讨高职院校内部治理既是大学治理的应有之义,也是西方大学有效治理的成功经验。借鉴国外大学章程建设中的有益因素,对比研究我国现行的大学章程,分析存在的问题,提出我国高职院校章程建设的具体建设性建议,有利于推进高职院校章程的制定与实践。

3. 有利于推动高职院校探索建立与其办学特色相适应的治理结构

高职院校既姓"高"又姓"职",具有普通高等教育与职业教育的双重属性。本课题的研究既借鉴普通本科院校的成熟经验,又结合高职院校的"职业"特色进行探索和创新,形成具有高职特色的内部治理结构改革的总体思路,有助于建立体现高职特色的治理结构。

第三节 研究现状

改革开放以来，学术界对大学治理的研究方兴未艾，研究内容主要集中在高校治理的基本理论、我国高校治理存在的问题及改进对策等方面，对高职院校内部治理结构的研究刚刚起步，法治与治理现代化结合的研究更是鲜有人涉猎。从现有发展趋势看，大学治理研究的内容将从单一研究大学章程或大学治理向二者结合研究转变；研究方法将从以教育学、管理学的角度为主向以法学角度研究为主转变；研究主体将从以教育学界单一向教育学、管理学、法学界等多元主体转变。当前，本领域研究的主要焦点体现在如下几个方面。

一、关于大学治理的内涵研究

对于何谓大学治理及大学治理结构，是大学治理理论研究中首要回答的问题。至今虽然在内涵界定方面尚存在一定的分歧，但理论上的基本认识是：大学治理是各利益相关者参与大学重大事务的决策机制和过程。（Brown，2001；Knight，2002；Shattock，2002；Birnbaum，2004；Kim&Lee，2006；刘向东、陈英霞，2007；李福华，2008；博克，2012）作为大学治理现实载体的治理结构，则是能够应对"冲突"或"实现利益主体权益"需要的决策机构。（Brown，2001；Kaplan，2004；龚怡祖，2008、2009）长沙理工大学洪源渤教授认为大学治理"指大学内外利益相关者参与大学重大事务决策的结构和过程，包括治理结构和治理过程两个方面"；青岛大学李福华教授把其定义为："在大学利益主体多元化以及所有权与管理权分离的情况下，协调大学各利益相关者的相互关系，降低代理成本，提高办学效益的一系列制度安排"；石河子大学蔡文伯教授、杨瑞旭讲师认为大学治理是大学组织内部管理与外部制度环境互动的过程，核心是处理好政府与大学、市场与大学、学术共同体与大学之间的关系；河北建筑工程学院丁万星副教授等从法理学角度出发，认为高校治理主要分外部和内部两方面的内容，外部治理研究的是高校和政府之间的关系，内部治理研究的主要是学术权利、行政权力和监督权利。姑且不谈上述关于大学治理及治理结构的认知是否触及相关概念的本质，但对大学治理及治理结构进行理论上的界定，无疑有利于厘清与辨明影响大学治理要因、探究大学治理效果以及找出制度创新的方向。

二、关于大学治理分析的不同理论视角研究

刘爱东从利益相关者视角分析了大学治理的价值取向；郑海霞、秦国柱则基于公共理性的视角，探讨了多元主体参与大学治理，可以使大学治理达到良好的秩序，缓解各主体之间的利益分歧和矛盾冲突；张金磊则从第三部门的视野分析该问题；还有的学者从组织理论、融资结构等视角来探讨大学治理问题。

三、关于大学治理的主体研究

大学治理主体问题，理论上关注较多的就是教师、行政人员、校外人士与学生。对此，美国学者麦考密克和迈纳斯（McCormick & Meiners，1988）较早探讨了这一主题，他们基于1971年对美国大学教授协会会员的问卷调研数据，对教师参与决策与大学绩效问题进行了实证研究。研究认为，教师会在"教师评价""研究计划"以及"课程设置"等方面给予行政人员有价值的帮助和建议。但是，教师参与决策所产生的利益不足以超越集体决策的相关成本。因此，有效的大学治理要求教师被限于只能提意见而不能控制整个集体决策。麦考密克和迈纳斯的研究得出了教师参与大学治理不利于大学绩效改善的结论，其理论研究具有一定的借鉴意义。但深入分析可知，麦考密克和迈纳斯并未区分具体的决策类别。鉴于此，美国学者布朗（Brown，2001）运用和麦考密克和迈纳斯相同的数据，在对董事、教师与行政人员、学生等利益相关者行为分析的基础上，进一步将大学决策划分为不同的类型，对教师参与大学治理与大学绩效的关系进行了验证。研究发现，教师参与大学决策未必就不利于大学绩效的改善，其效果如何取决于决策的类型。教师对于学术事务（academic affairs）决策参与的程度越高，大学业绩就越好，而参与行政事务（administrative affairs）决策的程度越高，大学业绩表现则越糟糕。其深层原因在于教师和行政人员不但各自有不同的知识和信息，动机也不同。据此认为，教师参与的总体影响随参与决策的类型而变，因为参与决策涉及与集体决策相关的多项成本，只有在收益超过这些额外成本的情况下，教师控制决策才是有利的。就研究内容而言，布朗进一步推进了麦考密克和迈纳斯的研究。与布朗的研究类似，美国学者卡普兰（Kaplan，2004）通过对调研数据的分析，认为在许多大学里，教师似乎在治理中扮演了一个重要的角色，而且他们的参与受到了重视。几乎没有行政人员认为教师的参

与对有效的治理构成明显的障碍。与上述运用实证证据回答谁应该参与大学治理不同，雅斯贝尔斯（1991）认为，大学是一个由学者和学生共同组成的追求真理的社团。大学生要具有自我负责的观念，并带着批判精神从事学习，因而拥有学习的自由。而大学教师则是以传播科学真理为己任，因此他们有教学的自由。据此间接论证了教师和学生两大利益群体参与大学治理的必要性。布朗基于所有权视角审视了大学治理中的治理主体问题，认为作为非营利组织的大学与营利组织一样，也存在代理问题。布朗把大学看成是理事会、教师、事务局、学生以及毕业生等各种利益相关者集团的集合体，指出各个利益相关者拥有不同的动机，且偶尔会相互冲突。持有与布朗相近观点的是德国学者默沙伊恩（Merschen，2007）认为，如果把教师参与决策看作教师实施监督的一种治理机制，将有助于缓解大学管理者和教师之间的代理问题。美国学者约翰斯顿（Johnstan，2003）也分析了教师参与治理对于大学治理的意义，认为有效的学术行政领导应该理解和尊重教师在决策中的重要作用。就某种意义而言，约翰斯顿从另外一个视角探析了教师作为治理主体的必要性与可行性。同时期的研究学者克劳瑟等（Crowther et al.，2001）、眭依凡（2002）、本杰明（Benjamin，2003）等也探讨了教师参与大学治理的必要性、可行性及路径。

  区别于前述研究更关注于教师这一利益相关者群体，魏海苓（2005）从大学的现代性与后现代性视角对大学治理主体问题进行了探讨，认为治理意味着一种多中心治道的格局，即由各方人员广泛参与。在大学治理方面，突出表现为校内各类人员和公民社会力量对大学组织的广泛参与，特别强调对教师组群、学生组群的关注。与魏海苓类似，胡赤弟（2005）基于对大学的"学术责任"与"社会责任"的思辨，认为社会责任是对于大学学术责任的补充和完善。如果说，传统学术责任观所对应的是"教授治校"的大学，那么，社会责任观所对应的应该是高级行政管理人员、大学教授、大学出资者、学生和政府等利益相关者共同治理的大学。同是强调利益相关者的多元参与，英国学者沙托克（Shattock，2006）则以英国大学治理问题为着眼点，探讨了教师、学生、校长、校外人员、政府以及公众和媒体等对大学治理的参与问题，认为基于大学自治的历史传统，大学治理机制设计的关键是制定学校内部教师和学生参与决策的机制和方式。然而，由于昂贵的高等教育所需的政府经费日益增多，直接引致政府对大学的经济贡献和大学财政问责制的关注，并随即对大学的治理过程也兴趣渐浓。与学者自治相比，外部人士治理可能更具问责效果，可能更支持从经济的视角来思考高等教育。但是，公众和媒体很少关注大学治理问题。基于已有研究，尹晓敏（2010）认为，

作为一种利益相关者的组织，大学的各利益相关者作为大学社会责任的指向，都有一定的资格参与大学治理，共同决定大学的事务，并据此论证了政府、学生、教授、校长以及社会人士介入的必要性与可行性。博克（2012）则在论证了校董、教授、学术领袖、学生以及行政人员参与大学治理的优缺点的基础上，认为上述利益相关者均应该参与大学治理，进而提出了大学治理要实施共享的治理观。

综上可知，关于"谁来治理"这一主题，研究者们基于各自的视角进行了较为深入的探索。对于大学治理主体的认知，虽然在对哪些利益相关者应该参与大学治理的认识上存在一定的差异，但"共同治理"（shared governance）模式的构想已成为理论上的共有信念（Eckel，2000；Weller，2000；Welsh & Metcalf，2003；Lechuga，2004；Trakman，2008；李福华，2008；尹晓敏，2010；洪源渤，2010；博克，2012），并且，在研究中基本上秉承了"关键利益相关者治理"的理念。然而，已有研究对大学治理主体的界定更多的是一种基于经验的"应然范式"，实证研究较为少见。与此同时，就研究的理论基础而言，组织理论或制度理论等在研究中较少被予以运用，由此直接引致了关于治理主体的认知缺乏必要的理论基础。为此，今后关于大学治理的理论研究在此方面有待加强。

四、大学治理结构与模式问题研究

大学治理结构作为现代大学制度的基石（龚怡祖，2009），不仅是大学治理制度设计的着眼点，而且也是区分各国大学治理模式异同的关键。关于大学治理结构本质的认知是此方面研究的起点，自大学治理问题研究伊始，理论上或直接或内隐地不断对治理结构与治理模式进行解构（Clark，1978；McCormick & Meiners，1988；Braun et al.，1999；Brown，1999；Birnbaum，2004；Ehrenberg，2004；龚怡祖，2010）。在大学治理结构研究方面，Dearlove（2002）诠释了作为大学治理结构的评议会的功能，认为评议会是做出学术决策的重要场所，但是评议会并非一个包括所有学者在内的平等的机构。不同于 Dearlove 重点关注大学治理的学术型治理层面，Birnbaum（2004）研究认为，大学包括基于法律权威的行政体系与基于专业权威的教师体系，据此认为大学治理结构——理事会的一个重要机能就是实现两个体系的微妙平衡。与 Birnbaum 没有明确提出治理结构如何设计不同，Ehrenberg（2004）则审视了美国大学中的董事会治理问题，探讨了大学董事会成员的遴选范围和方法；董事会成员、管理者以及教师在大学共同治理中的角色；大学在财政和学术目标上如何被组织；教职员工及研究生助教是否参与集体谈判；来自于政府法规、捐赠人、保险承保人、体育联盟和认证机构的压力，以及来自于营利性高教机构的竞争等。欧阳光华（2011）也从董事的权责、校长的权责以及学术评议会的运作等方面探讨了美国的大学治理结构安排，进而提炼出美国大学治理结构的价值蕴含，然后以这些抽象的价值意蕴为准则，通过对中国大学治理结构的历史追寻及存在缺陷的解析，展望了中国大学治理结构的未来走向。不同于上述学者单纯关注于大学治理结构的制度安排与功能，龚怡祖（2010）从更一般的角度审视了大学治理结构问题，认为大学治理结构应被看作是一个帮助大学适应现代社会复杂环境、引导并推进大学治理发展水平的"超组织结构运行机制"，其实质是遵循大学内在逻辑并与现代社会相契合，重建大学变化中的力量平衡。在此之上，指出大学治理结构具有改良组织场域的价值、契约约束的价值、权力及其程序受控的价值、诉诸公共良知的价值。此外，相关研究还着重探究了大学治理结构到底应该发挥何种机能与治理结构如何设计等理论问题，并据此得出了治理结构应当承担协调不同利益相关者的利益等功能、强化大学董事会监督与决策等结论（Kerr & Gade, 1989；Shattock, 2002；龚怡祖，2008；Evans, 2009；洪源渤，2010；De Boer et al., 2010）。

  理论上在探讨大学治理结构问题的同时，也关注大学治理模式的归纳和总结。学者克拉克（Clark, 1983）将一国的高等教育系统置于"三角张力"之中，认为一国大学治理模式的选择取决于国家权力、学术力量以及市场力量，是三者共同作用的结果。在此之上，将大学治理模式划分为官僚制协调、政治协调、市场协调和学术协调四种模式。在克拉克的研究基础上，学者鲍尔和阿斯科林（Bauer & Askling, 1999）以权威（程序自治）和目的（实质自治）作为反映大学组织自治程度的指标，构建了"权威—目的两分法"的分析框架。其中，"实质自治"是指大学具有制定目标和计划的权力，即大学可以自行确定"做什么"的问题，它主要包括课程设置、教学内容和方法的选择、对组织目标的定义以及根据组织和学术目标与标准去选择教师与学生等。"程序自治"关注"如何去做"，特别重视手段、组织、资源分配等议题，具体包括大学的财政、管理、人事以及学生政策等方面的权力。他们从理想类型角度出发，在"权威—目的两分法"的分析框架内演绎出洪堡模式（Humboldian state model）、纽曼的自由主义模式（Newmanian liberal model）、贝纳的社会主义模式（Bernal's socialist model）和市场模式四种大学治理模式。这一研究不仅深化了对克拉克三角协调模型的认识，更重要的是它所具有的比较优势，从而能够为大学治理实践中的模式选择提供有意义的参考（甘永涛、张维松，2007）。同样是基于克拉克的研究，学者布

劳思（Braun，1999）批判地继承了克拉克的三角协调模型，根据信念系统、实质理性和程序理性三个要素的不同组合方式，认为20世纪七八十年代大学治理可以归纳为共享模式（英国为代表）、寡头/科层模式（日本为代表）、顾客/市场模式（美国为代表）三种治理模式（Braun & Merrien，1999）。学者麦克内伊（McNay，1999）也对克拉克的三角协调模型进行了改良，从政策控制和实践控制两个维度，基于"控制—文化"的分析框架，将大学治理划分为共享模式、科层模式、法人模式和创业模式。

五、大学治理中行政权力与学术权力的关系研究

行政权力与学术权力及其关系问题一直是高等教育领域理论上研究的重点，也是研究大学治理问题的逻辑起点。对大学行政权力与学术权力问题的密切关注始于20世纪60年代。近年来，随着公共管理学、教育学、经济学、管理学和社会学等不同学科对大学治理问题研究的深入，相关理论也日益丰富。深入分析已有研究可知，虽然自大学产生之日起学术权力就伴随其中，但学术权力这一概念正式提起和运用则是晚近之事（Moodie & Eustace，1974；Van De Graaff et al.，1978；夏托克，1987）。在诸多关于学术权力的论著中，较早系统全面地阐述学术权力这一范畴的是克拉克（Clark，1978）。克拉克在对50—60年代初西方七国的高等教育管理体制进行全面考察和比较的基础之上，将大学学术权力解读为从高等教育管理的最上层（国家）到最基层（教师）等各个层次的管理机构和人员所享有的高等教育管理的权力，并进一步将其划分为个人统治、集团统治、行会权力、专业权力、魅力权威、董事权力（来自于院校）、官僚权力（来自于院校）、官僚权力（来自于政府）、政治权力以及高等教育系统的学术寡头权力等10种（Van De Graaff et al.，1978）。从克拉克关于学术权力的认知可以看出，克拉克是把一国高等教育系统的不同权力层次当成学术权力的整体来进行研究的（张珏，2000），学术权力的界定较为宽泛，涵盖了后来所提出的行政权力。学术权力概念一提出便得到了理论上的重视，学者们围绕着"学术权力的维度""教授权力""教师权力"以及与学术权力相关的学术自由等问题展开研究（Clark，1983；McCormick & Meiners，1988；Birnbaum，1991；Birnbaum，1992；冯向东，2000；Brown，2001；寇东亮，2006；胡建华，2007；Scott，2009），深化了学术权力相关研究的内容。

在对学术权力问题不断探究的同时，由于大学规模扩大化而产生的行政权力问题开始纳入研究者的视野。理论上在对行政权力范畴界定、产生源流与合法性机制以及大学行政权力泛化问题等论述的基础上（Shattock，1999；

董云川，2000；赵婷婷、于旸，2006；李从浩，2012；王世权、刘桂秋，2012），开始关注行政权力与学术权力之间的关系问题。相关研究成果集中于"行政权力与学术权力冲突的深层次原因"和"行政权力与学术权力匹配问题"两方面。其中，对于"行政权力与学术权力冲突的深层次原因"已有研究中总结了"学术文化与行政文化张力差异""行政管理对学术管理的替代""行政权力与学术权力特性差异""大学的'官本位'意识"以及"政府权力的过度介入"等要因（Goonen & Blechman，1999；张德祥，2002；王利民，2005；王英杰，2007；郑毅等，2012；王世权、刘桂秋，2012）。对于"行政权力与学术权力匹配问题"，学者们提出了"学术权力与行政权力的耦合""大学去行政化""学术权力提升""强化学术民主制度建设"等（Goonen & Blechman，1999；张德祥，2002；毕宪顺，2004；王利民，2005；郑毅等，2012；王世权、刘桂秋，2012）。

可见，在关于行政权力与学术权力之间关系问题的已有研究中，对于行政权力与学术权力的正当性以及内涵的界定虽已基本上达成了共识，但对于行政权力与学术权力之间的关系认知却仍存在分歧。与此同时，已有研究虽然试图回答大学治理中何种权力匹配更有利于大学可持续竞争优势的获取与维系，但由于大多数研究采取了"应然范式"，且立论视角单一，更为深入的实证分析与案例研究的成果却不多见，由此直接引致相关对策建议缺乏针对性，今后的研究中有必要在此方面加强。

六、关于我国高职院校内部治理存在的问题及完善策略

董仁忠（2011）认为高职院校内部治理结构主要存在办学自主权未能完全落实，法人财产权制度不够健全；权力过于集中，行政权力过大，学术权力式微；领导干部选任缺乏有效监督；党政关系不够协调，组织机构臃肿，行政人员过多，未形成行业企业有效参与高职院校治理机制等问题。关于完善高职院校内部治理结构，董仁忠提出理顺党政关系，建立董事会决策制度、建立健全行业企业有效参与治理的机制、完善各权力主体之间的制衡机制等构想；俞启定、王喜雪（2012）提出基于学术权力的高职院校制度建设，建立教师参与、共同治理的决策机制，促进教师专业发展的动力机制和多方参与的监督机制；王作兴（2011）提出制定学校章程、坚持党委领导下的校长负责制、合理配置管理权限、提高干部的管理能力等建议；胡玲丽、张继恒（2012）则从构建学生主导下的治理结构出发，提出确立"学生利益相关者优先"的治理理念、建立制度化的学生诉求表达机制、创建多元化的学生权利救济机制，重视微观的日常生活价值等建议；郭健、邱同保

（2011）提出依法实施"六会"治理机制构想，即党委会行使重大事项的最高决策权、校务会决策校务管理的重要事项、教学工作委员会制定教学工作实施措施、学术委员会审核与评审学术事项、教职工代表大会参与民主管理与监督、学生申诉处理委员会保障学生合法权益。胡正明（2015）分析了高职院校内部治理的独特性及其实现路径；雷世平、姜群英（2015）研究了高职院校治理能力现代化的内涵及其衡量标准；郭静（2016）分析了高职院校治理能力提升的现实困境与优化路径；周建松、陈正江（2016）研究了高职院校治理体系现代化的理论意涵与实现机制；孙云志（2015）提出了构建高职院校、政府与社会三维框架下的主体多元化治理模式。

七、研究评述

在高等教育双转型的背景下，通过建立现代大学治理制度，创造有利于大学发展的治理机制，调整大学内部行政权力与学术权力之间的关系，以解决大学发展的体制性障碍，成为人们的共识。在此过程中，学者们基于不同的立论基点，从多个层面对此问题进行了探讨，为理论研究的进一步深化打下了坚实的基础。然而，深入分析不难发现，已有文献对于大学治理问题的关注，大多是从经验的借鉴总结出发，虽然观点中透着真知灼见，但逻辑性和说理性不强。由于经验总是同特定的环境背景相联系的，无法区别特质性与普遍适用性，因此也无法刺透"国情与历史文化传统不同"的遁词防线，讨论难以深入，致使理论深度略显不足。并且，在研究过程中呈现出了多理论研究，少实证研究，教育学、行政学等角度研究的多，法治角度研究较少的现象。如此一来必然不利于对实践规律的总结，不能够深入把握大学治理中行政权力与学术权力的关系，进而直接导致缺乏对大学治理关键制约因素的提炼、涵盖与整合，难以有效解释大学治理的深层动因与机理。已有研究分别从不同的角度阐述了大学内部治理结构的内涵及存在的问题，并提出了建设性建议，对创新我国高职院校的内部治理结构起到了积极的作用，但仍存在一些不足。一是学术界对大学治理研究颇多，对高校内部治理的分类研究不够，特别是对高职院校治理现代化的专门研究较少；二是对法治和治理现代化二者结合进行研究比较缺乏；三是对微观具体问题研究较多，宏观系统研究较少，缺乏改革高职院校内部治理结构的宏观构想与系统思路；四是对行业组织如何参与高职院校内部治理，高职院校理事会如何组成和运行缺乏系统深入研究。

第四节 研究方案

一、概念界定

（一）法治

法治是现代民主社会的主要管理方式。虽然从人类历史来看，自国家产生以来的任何时代都有法律制度，但法治社会的形成，人类经历了长久的探索，因为法治不是简单的法律制度的总和。人类社会的治理方式主要有神治、人治、德治和法治几种。在人类历史的长河中，几乎所有的民族都曾有过借助神灵权威统治的时代，神灵权威是一种超自然的力量。英雄正是通过神灵权威而产生，英雄是神灵在人间的代表，于是人类产生了对英雄的崇拜，也就是我们所说的人治。人治就是通过社会精英的意志管理社会的方式，实行人治的人必须要有足够的权威。如果这个人给社会或民族带来的是福音，则这种人治也就变成了德治。德治社会有自己本身的社会基础，主要是以血缘为纽带形成的社会共同体，这种德治的规则产生于个体从小养成的习惯，也就是共同的价值观和充分的感情基础。所以德治统治者因个体的道德情感不同，有的为人类带来了很严重的不可预见的灾难，于是人类在探寻更好的管理方式中，逐渐认可了以无感情的法律为统治方式的法治时代。然而对于法治时代的法律是什么，法律如何能够对人类社会进行统治等一系列问题，人们的观点却不同，而且各个国家或民族的法治方式也不尽相同。但法治以人为本，尊重人、关爱人的目的性抓住了人类存在的根本价值，所以法治逐渐成为现代人类社会共同的、主要的治理方式。

1. 法治的概念

现代意义的法治源于西方，最早可追溯自古希腊。亚里士多德说："法治应包含两重意义，已成立的法律获得普遍的服从，而大家所服从的法律又应该本身是制定得良好的法律。"罗马人将古希腊的法治理念变成了现实，法学家西塞罗曾说："为了自由，我们做了法律的奴隶。"其间表达了罗马人尊重法律的光辉思想。近代法治理论由资产阶级启蒙思想家创立，在资本主义国家市场经济和三权分立政治制度的实践中，法治的内涵得到了不断丰富

和完善，法治已成为现代社会的主要管理方式，并正处在从形式法治向实质法治的转变过程中。

然而，法治是一个无比重要但未被定义，也不能随便就定义的概念。它意指所有的权威机构，立法、行政、司法及其他机构都要服从于某些原则。这些原则一般被看作表达了法律的各种特性。例如，正义的基本原则、道德原则、公平和合理诉讼的程序观念，它含有对个人的至高无上的价值观念和尊严的尊重。在任何法律制度中，法治的内容是：对立法权的限制；反对滥用行政权力的保护措施；获得法律的忠告、帮助和保护的大量的和平等的机会；对个人和团体各种权利与自由的正当保护；以及在法律面前人人平等……它不是强调政府要维护和执行法律及秩序，而是说政府本身要服从法律制度，不能不顾法律或重新制定适应本身利益的法律。法治强调了对人的尊重，对法律的服从，对秩序的观照，对权力的限制和对权利的保护。

法治的核心是通过对权力的控制以实现对个人权利的保护。西方国家对权力的控制方式主要是对国家的总权力进行分立，通过分立的权力进行相互的制约，以保证权力存在之目的的实现。当然，对权力的控制并非一定要对权力进行分立，也可以通过对权力拥有者建立监督机制，对委托的权力行使者进行监督来实现对权力的监控，从而实现权力存在的目的。我国宪法明确规定，全国人民代表大会是国家的权力机关，政府是国家权力的执行机关。"只有的确存在一种摆脱执政者好恶而独立确定法律规则含义的方式，规则才能保证行政权力的非人格化"。

2. 西方法治理念

西方法治理念起源于古希腊，经过漫长的发展，已经形成一个较为完整的制度体系。但学派很多，其间的差别不在此细说，仅以具有代表性学者的观点来说明现代西方的法治理念。形式法治理论的代表英国法学家拉兹提出了法治八项原则：第一，法律是适用于未来的、公开的、稳定的和明确的。第二，法律应该保持稳定。第三，特别法应该由公开的、稳定的、明确的和一般的规则引申而来。第四，司法独立应有保证。第五，遵守自然正义的原则。第六，法院有司法审查权。第七，法院容易为人们所接近。第八，预防犯罪的机构不得利用自由裁量权而歪曲法律。

美国学者富勒认为法治不能是任何法律的统治，而应当是道德法律的统治。他以"法的道德性"为题，也提出了现代西方法治的八项原则：第一，法律具有一般性。法律的一般性是指法律具有普遍的约束力。第二，法律必须公开。虽然法律必须公开的理由并不是希望人们都来认真学习法律，但是，只有公开后人们或者公民才知道具体的规则是什么，以及什么行为才没有违反法律的规定。第三，法律只能适用于未来而不能追及既往。法律的目的是约束人们今后的行为。因此，任何追及既往的法律不仅是荒谬的，而且可能导致最为严重的侵犯人的暴行。第四，法律必须明确。由于法律要约束人们的行为，法律必须明确，否则就不能引导人们的行为。第五，法律自身不能有矛盾。法律的矛盾不仅是指同一法律的矛盾，还包括不同法律之间的矛盾，而后者的情况更为复杂。第六，法律不能要求不能实现的事情。一旦出现了不切实际的事情，只有两种后果在前面等待，即强迫公民去实现他们不能实现的事情或者对公民由于不能实现这一要求而产生的违法行为保持沉默。第七，法律必须具有稳定性。第八，法官要与法律保持一致。必须明确法律解释的若干原则，法官或政府官员必须根据法律制度的总原则和精神来解释法律。

无论是拉兹的法治原则还是富勒的法治原则，都应当是形式法治原则，虽然富勒自己认为要从自然法中找到法治的最低道德性，但从他所提出的原则中，也可以感觉到与拉兹的法治原则没有多少区别。主要都是建立在三权分立下的司法独立、良好的法律、程序正义、法律的统治、同样的事情同样对待等。实际上，我们都清楚，规则上的法律与司法上的法律是有很大区别的，立法上的法律与实践上的法律并不完全一致。

3. 我国社会主义法治理念

社会主义法治理念是体现社会主义法治内在要求的观念、信念、理想和价值的集合体，是指导我国社会主义立法、执法、司法、守法和法德监督行为的总思想与基本原则。我国社会主义法治理念主要有三个来源：一是我国国家本质、政治体制和社会现实的体现；二是对西方国家成熟法治思想的借鉴；三是对我国传统文化精神的扬弃。因此，我国社会主义法治理念必须以科学发展观和社会主义和谐社会思想为指导，以中国社会主义国家的国体和政体为基础，立足社会主义市场经济和民主政治发展的时代要求，系统地反映符合中国国情和人类法治文明发展方向的核心观念、基本信念和价值取向。主要表现在以下几个方面：首先，社会主义法治理念的核心和精髓是坚持党的领导、人民当家做主和依法治国有机统一。党的领导是人民当家做主和依法治国的根本保证，人民当家做主是社会主义民主政治的本质要求，依法治国是党领导人民治理国家的基本方略。这是我国社会主义民主建设、法制建设的经验总结。其次，社会主义法治的基本原则是尊重和保障人权。简单地说，人权就是个体作为人存在的基本权利，是对公民生存的最低限度要求。基本人权则是当代国际社会所确认的一切人所应当共同具备的权利。现代法律的基本精神就是对人权的保护，正是人权保障奠定了现代法律的合理性基础。在新民主主义时期，我们的人权就是要建立一个自由、民主的国家，对剥夺者进行剥夺，以保障自己的基本人权。在社会主义现代化建设时

期，就是以公民个人的生存权和发展权为基本人权，建设小康社会、和谐社会。再次，树立社会主义法律权威观念。法治的核心就是法律的统治，党的活动也应当在宪法和法律的范围内进行，党的领导要通过对党员的教育，将党的主要思想、精神、方针、政策转化为法律，充分树立宪法、法律的权威性。政府权威必须置于法律的权威之下。法律权威要通过立法建立具有客观性、确定性、稳定性和可预期的法律制度，要通过执法、司法和守法保证任何个人、组织和国家机关在法律规定的范围内活动，特别是国家权力机关及其公职人员严格依法办事，维护法制统一、反对地方和部门保护主义，反对把个人或组织凌驾于法律之上，违法必究。最后，建立良性运行的权力监督制约机制。现代法治的核心在于对权力的控制，保障公民权利，防止国家权力的滥用和腐败，保证国家机关和公职人员正确行使权力，把人民赋予的权力真正用来为人民谋利益。在我国，各级人民代表大会由民主选举产生，对人民负责并接受人民的监督；国家行政机关、司法机关由人民代表大会产生，对其负责并报告工作，接受其监督。增强国家权力运行的透明度，把民主监督、党组织监督、法律监督、行政监督和新闻舆论监督有机结合起来，形成中国特色的社会主义监督体系，使之结构合理、配置科学、程序严密、制约有效、监督有力，实现人民权力为人民的目的。

4. 高职院校治理现代化与"依法治校"

高职院校治理现代化的核心内容体现在两个方面：在政府与高职院校的场域，强调政府依法管理高职院校和保护高职院校自主权不受政府的干涉；在高职院校与学生、教师关系场域，强调高职院校行使自主权实施内部管理不能违法，通过司法审查或行政监督对其进行控制，以保护教师、学生的学术自由。

依法治校在国外没有相应的词语，依法治校是中国化的法治观，更确切地说，是中国人理解法治的结果。实际上，依法治国的"国"不是指地域概念，而是指法律或政治意义上的"国政"，即国家的政务活动，其中最核心的是国家权力的运行活动，这里的"国"是不可分割的。如果"国"被分割了，那就出现了对法治的误解。正因为这样，才会出现依法治省、依法治市、依法治县、依法治镇、依法治乡、依法治村的机械模式情形，才会出现交通部门依法治路、铁路部门依法治铁、水利部门依法治水、林业部门依法治林、农业部门依法治农、税务部门依法治税、教育部门依法治教、土地部门依法治土等简单照搬的现象。所以"依法治校"在本质上歪曲了法治的真实内涵，将依法治国中"国"的真正含义做望文生义的理解，丢掉了"法治"与"法制"的本质差别。从而导致了我国依法治校概念的含混不清，以致不能形成一个具有统一内涵的概念。当然也就不可能通过依法治校落实高职院校治理，反而导致了世纪之交的大学生状告母校浪潮，使我国扩大和落实高职院校治理的初衷陷入了怪圈。

从国外大学自治的实践来说，各国大学的自治依据都是本校的"章程"，而章程是高等学校成立的基本条件，也是高等学校内部自治的"宪法"，章程获得法律效力的根据是高等学校在成立前必须经过政府审批，在办学过程中接受政府依法监督，既有"法律保留原则"的运用，也有合法性的审查，还有司法审查的底线。既保证了大学的自主权的落实，也保障了教师、学生的学术自由。因而，我国"依法治校"的"法"也就应该是宪法、法律和章程，但章程是"依法治校"最直接的"法"。如果所有高等学校都直接依国家之"法"治校，中国的高等学校将只有两个章程，一个是公立高等学校的，另一个就是私立高等学校的。这样章程也就变成了法律，也就无所谓高职院校治理，这正是新中国高职院校治理的最大问题，这就是政府便于"放"与"收"的原因。实际上，我国高等学校不是在依法治校，而是在依政策或行政规章治校，或者是依行政长官的个人意志或兴趣治校。也许高等学校依法治校的初衷是摆脱对政府的依赖，而想直接寻找法律依据，但我们又会走入另一死胡同，那就是中国高等学校受到了司法的干涉。世界各国司法直接干涉高等学校事务都非常谨慎，我国有不少法律工作者却热衷于以司法介入高等学校内部事务，至少也得在程序上介入。这种对高职院校治理的法治思考，主要是将高等学校的自主权定位为管理权，从而忽视了高职院校治理中学术自主权的基础性地位。所以，不对依法治校概念的内涵做出明确的界定，将"依法治校"当成一种口号或一种时髦的摆设，不利于高职院校治理的落实。

（二）治理

治理有多层含义。作为新公共管理的治理，它指的是将市场的激励机制和私人部门的管理手段引入政府的公共服务。作为善治的治理，它指的是强调效率、法治、责任的公共服务体系。作为社会控制体系的治理，它指的是政府与民间、公共部门与私人部门之间的合作与互动。从行政学的角度看，治理理论则强调一种多元的、民主的、合作的、非意识形态化的公共行政。作为自组织网络的治理，它指的是建立在信任与互利基础上的社会协调网络。当治理由一个政治学概念成为社会调控方式时，就表明依靠暴力威吓的统治理念已经过时，"更少的统治，更多的治理"成了国家改革和发展的口号，社会调控不再全部是命令和控制式，而是管理者和被管理者之间的对话、协商、协作。而当治理成为各种公共的或私人机构管理其事务的诸多方式，就表明调和利益并且采取联合行动这样一个持续的过程成为一种普遍的善。治理作为一种组织机构运行方式具有以下特征：治理不是一整套规则，也不是一种活动，而是一个过程；治理过程的基础不是控制，而是协调；治理既涉及公共部门，也包括私人部门；治理不是一种正式的制度，而是持续的互动。正像在1990年美国大学教授协会（AAUP）描述的那样，大学治理是指引董事会成员、行政管理者、教师、学生以及其他人员进入适当分担责任的阶段。大学治理不仅像大学自治一样表明政府并不是国家唯一的权力中心，而且还把教授治校扩展到了大学利益相关者的普遍参与，共治代替了单向的权力指向，所有利益相关者都有权通过合作、协商、伙伴关系、确立认同和共同的目标等方式参与学校事务，其权力向度是多元的、相互的，从而形成一种合作治理，其特征是：第一，结果导向，以解决问题为目标；第二，利害相关人参与决策过程的所有阶段；第三，渐进式的决策过程；第四，超越传统公私划分的责任机制；第五，灵活而充实的行政机关。教授治校与大学独特的权力结构体系密切相关，学术的专业性、知识的复杂性使学者因着对知识的垄断产生了一种至关重要的和独特的学术权力，教授的这种特权是与学科专业、讲座职位联系在一起的。

（三）现代化

对"现代化"一词的理解，仁者见仁，智者见智，国内外专家学者尚无完全统一的认识。当前，尽管我们无法对"现代化"下一个明确的定义，但根据国内外学者的理解，我们至少可以形成以下基本的认识：首先，现代化是一个系统，它是由物质、制度、文化等若干个相互作用的子系统组成的；其次，现代化是社会各方面的现代化，既要包括经济、政治的现代化，也要包括文化的现代化，是人类社会在政治、经济、文化以及社会生活领域等所发生的由传统社会向现代社会的全方位转型；再次，现代化是一个过程，在这个过程中，经济、社会、文化以及人们的精神面貌、思想观念和思维方式等方面都将发生深刻的变化，并且随着这些变化，社会的文明程度不断提高，人们的生活质量不断改善，社会的运行机制更趋于合理。

二、研究思路

本课题从澄清治理现代化、大学自治、大学治理、办学自主权、管理与治理等概念入手，综合运用法学、管理学、教育学等多学科理论和方法，分析高职院校内部治理现代化的内涵外延和标准体系等基础理论与范畴；进而探究制约高职院校内部治理现代化的历史、经济、政治、法律等因素，对比研究中外高职院校内部治理现代化的进程，通过历时性和共时性两个维度，探索高职院校内部治理现代化的内在动因与实现路径；最后重点研究我国高职院校内部治理现代化的实现策略:一是构建以高职院校章程为统领的现代化制度体系,重点分析章程在建立与完善高职院校治理结构过程中的地位与作用;二是组建高职院校内部治理的现代化组织体系,重点分析高职院校理事会的成员组成、权利义务、运作机制,校企"合作学院"的地位、功能与运行机制等;三是探索高职院校治理主体(即人,教师与学生)的现代化途径,重点研究高职院校师生权益保护的救济路径等。本课题通过对大学治理、大学章程、高职院校内部治理结构等问题研究资料和文献的收集与分析,掌握国内外学者对高职院校内部治理结构问题的最新研究动态,寻找解决问题的突破口,建立起研究框架。在理论研究的基础上,力图通过强化理论达到对高职院校内部结构具体构建实践的指导。

具体技术路线如图1-1所示。

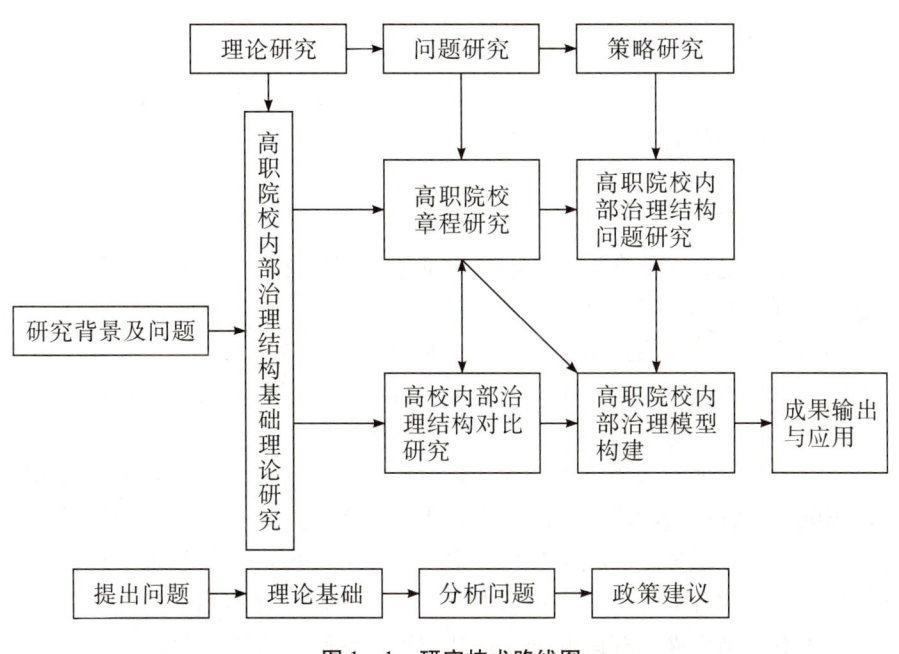

图1-1 研究技术路线图

三、研究方法

本书采取理论研究和案例分析相结合、调查研究和文献分析相结合的方法,主要采用文献研究法、历史研究法、比较研究法、调查研究法和个案研究法。

（一）文献研究法

教育学、社会学、教育社会学等学科的有关理论及其解释模式为本研究的开展提供了坚实的理论基础和后盾。通过文献资料分析，梳理出治理的理论基石、历史经验、现实经验、国际经验，以及对高职院校治理现代化的影响。

（二）历史研究法

作为一种发展性的研究，法治、章程、办学自主权的变迁研究是治理理论研究的根据，因此应具有很强的历史意义，在本项目研究中，历史研究法得到了很好的应用。

（三）比较研究法

通过对国内外大学章程的比较分析，不断吸取、借鉴其成功经验，为本研究提供了广阔的研究背景和参照系。

四、篇章结构

第一章绪论，主要介绍高职院校内部治理现代化的研究背景、研究目的与意义，国内外的研究现状及研究方案。

第二章高职院校内部治理现代化的基础。本章对核心概念，如大学制度与大学章程，大学自治、大学治理与办学自主权，高职院校内部管理与内部治理等，从历史分析等角度，分析各自的具体内涵和内在联系。一是对大学由自治向治理发展的历史过程进行宏观梳理，分析两者的内在联系与根本区别，正确区分管理与治理的本质，重点研究法治在大学自治向大学治理转变过程中的作用；二是分析我国高校办学自主权的具体内容与表现形式，区分办学自主与大学自治、大学治理的本质；三是分析治理理论、利益相关者理论、法人组织结构理论在高职院校内部治理结构研究的理论价值及其局限。

第三章大学章程与高职院校内部治理的关系。分析了大学章程在高职院校治理中的地位与作用，并以国内外大学章程的具体要素与历史经验为基础，提出了高职院校章程的框架结构与内容、地位与作用。一是分析章程在高职院校治理中的地位与意义。高职院校章程是维持内部管理秩序，理顺对外关系、保证大学自治的根本要求与组织保障，其价值取向在于保障学术自由、促进学术创新、保障教师和学生的权利。大学章程因其法律效力而成为高职院校运行的合法依据，从根本上确立了高职院校的管理运作体制，对外明确了高职院校的法律地位，确保办学自主权；对内章程可以明确高职院校的运行机制，提供完整的制度体系，理顺治理结构。二是比较了国内外大学章程的具体要素。通过对美、德、英等国家具有代表性大学章程具体要素的对比分析，探析大学内部治理结构与政治制度、经济水平、社会发展、民族习惯的内在联系。着重分析我国高职院校与普通本科院校章程在要素上的不同。

第四章我国高职院校内部治理结构存在的问题。在对我国高职院校内部治理结构生成历史进行梳理的基础上，分析探讨高职院校内部治理存在的主要问题，并从理念、体制、历史、文化等方面剖析产生问题的根源，我国高职院校内部组织结构，在横向上分成三块：党委领导下的校长负责制的行政机构，负责行政决策、教学管理等工作，主要问题是党政职能划分不清；学术自治组织，负责高职院校的学术事项，但是法律没有规定学术委员会的独立地位，导致在实践中受到行政权力的干预，学术权力和学术自由受到制约；教代会和学生社团，这是体现大学自治和民主参与的制度，但是在参与上和作用的发挥上，仍受到很大的制约，在法律制度中的地位和层次比较低，难以对行政权力制约和监督。

第五章我国高职院校内部治理现代化的标准与路径。提出高职院校内部治理结构的总体构想，建立高职院校内部治理结构的具体模型，形成高职院校内部治理的框架体系和实现路径，重点对行业组织参与高职院校内部治理的途径与形式、高职院校理事会的组成与运行、校企合作学院的功能与运行机制等高职特色治理模式进行探索，从而构建现代高职院校内部治理结构体系。制定并完善高职院校的章程，明确制定程序和具体内容；通过章程，确定建立以党委为主导的理事会决策体制，以校长为枢纽的专业委员会执行体制，以政府、高职院校和行业企业组成的监督反馈机制，具体包括：改革高职院校党委会由校领导组成的构成方式，适当增加党员教师与中层干部名额，分散权力；明确高职院校校长的产生方式、权力构成与行使方式；高职院校理事会的组成与运行、校企"合作学院"的功能与运行机制；高职特色学术委员会的组成及运作模式；明晰教职工及教职工代表大会应有的权利与义务等。高职院校内部治理结构改革的路径要选择以政府主导型的循序渐进式的改革路线。

第二章 高职院校内部治理现代化的基础

第一节 核心概念的比较分析

一、大学制度与大学章程

（一）大学制度的内涵

大学制度是指大学为实现组织目标而制定的、要求师生员工共同遵守的行为准则和按一定程序办事的规程，是学校内部管理规范的总和。建立健全学校规章制度，对于建立和维护大学的正常秩序，提高学校管理效率，具有重要的意义。制定规章制度是大学办学者自主管理的职责和权利，其本质是大学办学者意志的体现。大学规章制度的内容丰富具体、可操作性强，按其调整的范围不同，大致可以分为职能部门工作制度、员工岗位责任制度、考核奖励制度、学校例行会议制度、学生考试制度等，这些制度更为具体，是学校在管理中必不可少的一些细则。

（二）大学章程的内涵

大学章程，也称之为"大学宪章"，在新中国成立以前有"章程""组织大纲"等名称，如清学堂章程、北京师范大学1922年组织大纲、厦门大学大纲等，在香港和台湾地区也有称其为"大学条例"的，如香港大学条例。在英语国家一般叫作大学条例、大学章程。

对于大学章程的定义有着众多的观点。有人认为，大学章程是指为保证大学正常运行，主要就办学宗旨、主要任务、内部管理体制及财务活动等重大的、基本的问题，做出全面规范而形成的自律性基本文件。它是大学自主管理、自律及政府监督管理的基本依据；也有人认为，学校章程，即学校的组织规程，是指为了保证学校自主管理和依法治校，根据教育法的规定而以条文形式对学校的重大事项做出全面规定所形成的规范性文件。学校章程是学校设立时批准机关或登记注册机关赖以批准或登记的基本依据，也是受教育者及其监护人和社会公众赖以了解学校的基本依据；还有人认为，大学本身作为一个制度有几个核心的部分。首先，大学应该是一个独立的法人，能够对自己的行为负担独立的法律责任，不管它是私立大学还是公立大学，或是公私共建的大学，法律面前人人平等。显然，建立这样的独立机构之前，国家必须有相应的法律；这就像没有银行法就不可能有现代银行制度，没有公司法就不可能有现代公司制度一样，如果没有"大学法"或相关的法律，就不可能有现代大学制度。周鲁卫则认为，章程即"宪章"，是简述一个团体的原则、职能和组织的文件。大学宪章，是简述大学办学理念、原则、职能和方法的文本，是阐述在一定办学理念下，大学组织运营的基本原则；王国文、王大敏认为，大学章程是根据国家法律赋予大学自治立法权而制定的、规范大学组织及其内部活动的自治法，是大学的"宪法"，大学的教育教学和管理活动都必须以大学章程为依据，大学的其他规章制度都不得与大学章程相抵触，大学中的所有成员都必须遵守大学章程的规定；卢明认为，学校章程是学校依据国家有关法律、法规、教育方针和政策制定的学校一级的"法规"。它反映了时代和社会对教育的要求，也反映了学校自身的发展需要以及办学特色；刘菊香和周光礼则认为，大学章程是由大学权力机构制定的、上承国家或州政府教育政策或法律法规，下启大学内部管理的具有一定法律效力的治校总纲。

上述多种说法已经基本上概括了大学章程的内涵。大学章程是一所大学个性特征的缩影，本质是对大学内部以及与大学有关的教育利益的调整和分配。大学章程对大学责任、权利和义务有明确规定，对规范办学行为有重要作用，它体现全体教职员工和学生的共同意志，其他人或机构不能随意改动，一经批准通过就成为规范学校办学行为的基本法，在大学管理中发挥着极其重要的作用。因此，所谓大学章程，是指为保证大学自主管理，根据教育法等法律法规的规定，按照法定程序，以文本形式对大学的重大、基本事项做出全面规定的规范性文件。

（三）大学章程与大学制度的关系

大学章程与大学规章制度是抽象与具体、一般与特殊的关系，如同我国法律体系中宪法与刑法、民法的关系。大学章程是大学的"宪法"，大学规章制度的制定必须以它为依据，并且不能与之相矛盾。大学章程作为创办者

意志的体现,是大学办学最根本的规范性文件,只能就大学的基本问题和重大事项做出规定,不可能触及办学活动的具体问题。而大学规章制度则是办学者在具体的办学过程中以提高办事效率为目标,针对学校管理工作中的具体的、局部的问题做出的规定。在计划经济时期,大学办学的主要依据是高等教育政策和规章,大学规章制度只是政策和规章的具体化,体现的仍然是国家的意志。市场经济条件下大学是独立的法人实体,大学规章制度便具有了不同的内涵,它直接体现的不再是国家的意志,而是在不违背国家高等教育法和大学章程的前提下,直接体现大学法人组织的意志。大学规章制度就是体现大学办学者意志的大学"法律"。但体现大学办学者的意志的规章制度不能违背体现举办者的意志的大学章程。制定大学规章制度,直接的法律依据是大学章程,而不是高等教育法。

二、大学管理与大学治理

英语中的"governance"(治理)一词,最早来源于古希腊语的"steering"一词,包含"操纵""掌舵""指导"的意思。治理最初应用于国家公共管理活动中。1995年,全球治理委员会对"治理"进行了明确定义:"治理覆盖个人和公共及私人机构管理他们共同事务的全部行动,这是一个有连续性的过程,在这个过程中,各种矛盾的利益和由此产生的冲突得到调和,并产生合作。这一过程既建立在现有的机构和具法律约束力的体制之上,也离不开非正式的协商与和解。"由此看出,治理是从传统官僚体制的概念向现代治理体系的范式转变的核心范畴,传统官僚体制强调金字塔式的内部控制,最大限度追求工作的专业化,而在现代治理体系范式中,强调平等主体的自由交换,尽量减少外部监管,并以治理网络代替等级森严的官僚组织结构。进入大众化阶段的中国高等教育,面临着传统管理模式的困境和弊端,主要表现在:高校利益相关者增多,协调主体利益日益困难;教育管理部门职能转换不到位,宏观指导有效性不足;教育体制改革虚化,公共参与机制不全,教师等主体参与不足,从而传统的单向度的自上而下的管理模式难以维系;资源的多元化,由政府单一提供教育资源的模式难以满足现代高等教育健康快速发展的需要,必须引入市场机制,充分调动社会的办学积极性,广泛吸收各种社会办学资源;权力主体趋于多元化,权力结构趋于扁平化。计划经济烙印的落后管理模式,已不适应当前我国高等教育发展的需要。

从传统"管理"到现代"治理"的理性跨越,虽然只有一字之差,但却是高职院校权力配置的深刻变革和主体行为方式的重大转变。治理与管理有着明显区别:管理主体是一元的,治理主体是多元的;管理是垂直的,治理是扁平化的；管理常常是单向度的，治理是体系化的。总之，治理是一个内容丰富、包容性很强的概念，它更强调灵活性、协调性、沟通性。两者具体区别如表2-1所示。

表2-1 高职院校治理与高职院校管理的区别

区别	高职院校治理	高职院校管理
目标	实现利益相关者利益平衡	保证高职院校办学目标的实现
主体	多元（政府、学校、企业、学生）	单一（学校）
运行机制	高职院校治理结构（理事会、校务委员会、学术委员会、教职工代表大会、学生代表委员会）	高职院校组织结构（院、系、所等）
主要功能	指导并监督、确定责任体系	计划、组织、指挥、控制和协调
实施基础和依据	契约与法律规范（高职院校章程等）	内部管理层级
权力运行	体系化、网络化	单向度
作用	规范高职院校的权力运行与责任系统，保证管理处于正确轨道	规定高职院校的具体发展路径及方法

虽然，治理与管理存在较大区别，但是两者并不是截然对立的。高职院校治理是管理的高级阶段，是管理达到内在和谐的最佳状态和目标追求。在高职院校管理的低级阶段，管理行为追求的是一些外在的可见目标的实现。只有当管理进入高级阶段，在理念上依靠自我管理而不需要外部强制，通过文化管理，注重内在和谐，既追求可见目标，更追求隐含目标，重视各主体创新性的发挥，才能达到治理的境界。

三、大学自治与大学自主

（一）大学自治的内涵及内容

1. 大学自治的演变过程

（1）中世纪大学自治。

大学的拉丁意义是行会。欧洲中世纪行会之风盛行，大学就是一种行会。当时的城市市民主要由商人和手工业者构成，在政治上和经济上受到教会当局和封建领主的压制，于是，手工业者和商人纷纷组织起自我保护性质的行会，而行会组织起来的集体力量通过与封建势力的斗争而逐渐强大起

来,并取得了特许状从而使得行会具有了合法地位。行会组织对强大封建势力的独立性以及那些渴望独立自主地探索知识的人来说是一种理想的样板。而行会与世隔绝,忠诚于生产者而非消费者,它更关注行会规则,而非及时地适应大众需求。因此,大学作为行会组织虽然有实现学术和教育的梦想,但更实际的目的是出于维护小团体的垄断利益,最初目标不过是实现地区的垄断而已,而这种垄断要建立的秩序是独立于社会秩序的,大学成为一部分人的自由乐土而没有对社会责任的承担,外在于大学的社会对其也没有什么期待,甚至还充满了敌意,自治说到底就是切断与外部的联系,成为没有外人参与和喝彩的自娱自乐,大学逐渐成了与世隔绝、逃避现实生活的象牙塔。比对社会责任的逃避更为致命的是,行会对大学内在的伤害,"大学是学术行会,历史会使我们想起,由于行会自行其是,因此很容易带有某些弊端,如散漫、偏执、保守、排斥改革。因此在19世纪,英国和美国都不得不通过国家立法来打开自治的高等学府的铁门,让新的学科进入课程,其中许多学科与人类利益休戚相关,而学阀们却顽固地将其拒之门外"。

大学的自治是从摆脱世俗势力开始的,而摆脱的办法就是罢课和迁校,巴黎大学的师生迁至牛津而成立了牛津大学,牛津大学的一些师生迁至剑桥则又成立了剑桥大学。世俗势力从大学的存在中得到许多好处,他们是经济上的主顾,并为培训顾问和官员提供教育场所,还是造成赫赫声望的基础,因此罢课和分离出去的方法不会不奏效。在波伦亚大学,当时的市民常因跨国债务纠纷而将来自当事人国家的学者抵作人质,波伦亚大学师生在1155年求见神圣罗马帝国皇帝腓特烈一世,恳请他禁止市民行使对外国学者加以报复的权利并授予他们所有人以自由迁徙的权利,腓特烈一世签署了一道法令,申明了大学的自由:"只有通过学问才能为上帝及其仆人(即皇帝)阐明整个世界并决定臣民的生活。"该法令的主要内容包括:授予民法教授和学生以自由迁徙并在所有学问场所安全定居的特权;出于对那些花费所有资产并冒着各种各样危险到国外求学的人们的同情,规定任何人都不得伤害或冤枉学者以抵偿其同胞所欠债务,否则将按照损失的四倍加以赔偿,该条款对市民和地方官员一视同仁;任何被传唤出庭的学者都可选择到他自己的导师们那里或到当地的主教法庭接受审讯,原告若向另外的法官起诉就被罚判败诉。这实际上授予了学生们不受属地法律管辖的特权,使得大学具有了独立的司法特权,其成为中世纪大学享受独立权利的开始。

巴黎大学的情况也类似,1200年因一名学生误杀了市镇中的一个女孩,市民因此起而反抗,将肇事者的几个同学处死,于是师生们发起抗议,国王菲利普·奥古斯都发布敕令,对大学安全做了如下保证:市长及市政其他官员不得伤害学者、不得侵犯他们的财产;不得伤害学生或将他们投入监狱之中，除非他正在实施极其恶劣的违法行为，即使如此也不得对其殴打，应尽快将其移交教会法庭；市民必须宣誓尊重学者的权利；无论谁在看到学者受虐待都应立即报告，并尽可能给予援助；市长及治安官员在就职时必须宣誓遵守这些条款。当然，尽管冲突不断，大学还是不断利用罢课和迁校等利器，依靠自己的团结和坚定，逐渐摆脱了地方当局的干涉。而宗教势力之于大学却不啻是一个梦魇，教会认为文化是信仰的问题，教会要对文化进行控制，教学从属于教会。大学为了摆脱世俗势力而寻求教会支持时，却逐渐被宗教套牢。"在中世纪的大学中，虽然仍有高度的自治权，但当时的学者并无研究学术的自由，因为在当时罗马教会的最高权力所担保并巩固的'教会一元化的真理体系'的支配下，人类的理性只能在教会有权者所设定的范围内进行活动，任何对正统教义的怀疑和挑战，都被视为异端而加以镇压"。当然，宗教的这种控制主要是精神上的，并不会发生大学与世俗力量之间曾有的流血，但这种控制又无法通过罢课和迁校来摆脱，因为教会的势力是不受城堡之类的地域限制。大学成员变成了教士，地方主教把他们视为自己的部属，大主教作为学校领导人，把一些事务委托给一个下属，13 世纪一般称为校董，而今称为总监。波伦亚大学有些特殊，教会长期以来把法律教学视为世俗事务而对教学不闻不问，直到 1219 年波伦亚的副主教接任大学主席一职，行使总监的职权，但他的权威在围墙之外，仅仅满足于主持学位授予仪式和对教职员工遭到的侮辱表示宽宥。但同时教皇又规定未经波伦亚副主教考试并颁发许可证，任何人都不得被任命为教师，从而剥夺了博士们在学位授予上的独立权。到了 1229 年，图卢兹大学建立，其目的在于依据教皇反对异端邪说的诏令，以加强思想控制。此后所有的大学都受到了压迫，面对专制横暴的地方政权，大学获得了自己的独立，成功地扩大了自己的视野，增加了在整个基督教世界的影响，但它也屈服在一再对它表示慷慨大度的那另一个权力之下，知识分子发展到一定阶段，却变成了教皇的走卒。

  从整个过程来看，自治是大学自身逻辑与外部环境相互作用的产物，并作为一种制度得以传承。中世纪大学的历史表明了这样的观点，如果要使智力活动的契机不被消散，那么在取得学术成就之后，必须迅速做出制度上的反应。缺乏固定的组织，在开始时也许为自由探索提供了机会，但是经久不息和有组织的发展只有通过制度上的架构才能得到。中世纪的大学自治，按照领导体制的不同，可以分为两种类型：一种是以波伦亚大学为代表的学生大学，由学生主管校务，每个学生都有投票权，学生成立学生公会，从波伦亚市获得特许状，教师的选聘、学费的数额、学期的时限、学生寄宿房间的租金、每种课程所使用的材料、教授课程的时数、假期的长短以及书籍价格，均由学生决定，教授则处于从属地位，学生的主导地位是由他们的经济地位决定的，有些学生是来自欧洲各地的富家子弟，还有的则可能有修道院的赞助背景，他们的到来给波伦亚带来了持久的繁荣，后来，波伦亚城市当局以教授们发誓大学不离开波伦亚为条件，向教授们付酬，而学生们不必再向教授交讲课费了，学生则逐渐失去了对大学的控制。

而另一种则是以巴黎大学为代表的教师大学，教师、学者组成行会，管理大学事务，制定教学大纲，选择学生，对学生进行考核等。在教师行会的领导下巴黎大学先从国王处获得某些特权，接着从教廷使节处接受了其第一个章程，教皇格雷戈里九世随后发布了有大学"独立宪章"之称的教谕——《知识之父》及其他法令，确认了大学享有一系列自治权，具体包括：①司法自治权，内部可设有特别法庭，校长和教授享有对本校成员诉讼案件的裁决权；②校务管理权，上课时间地点、宗教仪式、居住问题皆由学校决定；③审定教师资格权和学位授予权；④罢教、罢课、迁校的自由等。

（2）近代以降的大学自治。

19世纪以后，国家、民族和法律的诉求日益高涨，新兴的民族国家雄心勃勃，希望大学能够走出象牙塔，为政治、经济和文化做出贡献，面对这种趋势，一方面大学有机会让学者走出书斋而承担社会责任，另一方面则又陷入被国家整体收编而丧失独立的危险。欧洲传统大学也许早就意识到了这种危险，始终保持着警惕，而国家目标是通过建立新大学而得以实现的。德国的时任教育部部长洪堡受命组建了柏林大学，而法国的拿破仑则干脆以新建立的帝国大学作为一个教育管理机构，承担起全国教育系统的统一管理责任。欧洲大陆的这些新大学不可避免地被置于政府的控制之下，变成了政府的组成部分，教师也成了公务员。

在英国，政府则成立了一个皇家大学委员会，对牛津大学和剑桥大学进行调查，出台了1854年的《牛津法》和1856年的《剑桥法》，力图对传统大学进行改革。并注重利用经济手段进行调控，到1889年，任命了一系列特别委员会，为经过选择的大学提供拨款，最终成立了大学拨款委员会作为常设性拨款组织，专门处理国家高等教育财政拨款的分配，使得政府拥有了对大学的调控能力。

在美国，1862年国会通过了旨在促进工业阶级的文理和实用教育的《莫雷尔土地赠予法》，通过由联邦向各州赠予土地的方式资助各州农业和工艺教育的发展。根据该法，各州凡有议员1名即可获赠土地3万英亩，各州可将获赠土地出售建立永久性基金，资助最少一所学校，并要求该校承担在不排斥科学、经典学科和军事学科的前提下教授与农业和工艺有关的学科的义务。以后相继颁布了《哈钦法案》《第二莫雷尔法》《史密斯—来沃法案》等一系列法案，通过这些法案，政府逐渐介入了曾经封闭的大学，承担社会责任、促进国家经济和社会发展成为大学的职能之一。

第二次世界大战以后，大学一跃从社会的边缘转而成为社会的中心，在国家的发展中发挥着日益重要的作用，国家对大学的介入更深。国家不仅通过拨款方式来引导和监督大学，甚至通过立法形式确定大学发展的战略重点，制定发展规划，控制总体规模、速度与布局。

从哲学基础上看，大学已经从单纯的认识论转变为认识论和政治论并存。大学既要探究深奥的知识和追求客观真理，还要承担对国家和社会的责任，美国学者布鲁贝克认为，高等教育具有认识论和政治论两大哲学基础，认识论哲学认为大学是以探究深奥的知识和追求客观真理为目的，真理能够站得住脚的标准是它的客观性，学术的客观性或独立性来自于德国大学所称的价值自由，而政治论哲学认为大学存在是因为它对国家和社会的作用，大学在与社会交往的过程中不可能做到绝对的价值自由。这二者之间关系并非和谐顺畅，探讨高深学问的认识论方法要摆脱价值影响，而政治论方法则必须考虑价值问题，难免会使教育政治化。显然，中世纪时大学取得的对市政当局的独立特权将去而不再，但是，这并不意味着政府对大学的全部收编，实际上存在着"以什么样的方式来决定高等院校自己不破坏外部的影响，同时又自己维持追求学术所需的自治，即如何在学校独立和外界反应之间取得平衡的问题"。一方面，大学也不可能再退回到象牙塔；另一方面，自治的传统使得政府对大学的学术自由给予了充分的尊重，并利用依法治国建设的机会使得大学自治最终成为宪政上的制度。

实际上，在柏林大学创建之时，洪堡作为新人文主义思想家与费希特等人进行了充分的交流和探讨，对大学学术自由的重要性有足够的认识："国家绝不应指望大学同政府的眼前利益直接联系起来；确应相信大学若能完成它们的真正使命，则不仅能为政府眼前利益服务，还会使大学在学术上不断提高，从而不断开创更广阔的事业基地，并且使人力物力得以发挥更大功用，其成效远非政府的近期布置所能意料的。"因此，在洪堡的课程体系中，并不特别在意社会经济和职业发展的实际需要，而强调高深理论的研究；在课程设计上，创设了讲座制度，由讲座教授独立确立学科发展方向，聘用人员，选择教学内容并决定经费的使用；在学校管理上，成立学术评议会和教授会，决定学校的学术问题，并逐渐形成了教授治校的传统。近代以后的大学，虽然已经突破了特定群体的利益取向，而服务于社会整体价值的追求，但依然对学者独立思考与独立判断的重要性有着足够的认识，并形成这样一种共识，真理只有在没有任何压力的情况下才能被发现，并没有改变尊重大学自我管理权的传统。

而从法治的角度来看，大学的转向并非是自治的消灭，而是法治框架内

真正自治的形成。中世纪的大学行会制度是立足于法治的缺失而依靠自然状态由力量博弈方式而形成的暂时的大学运作方式，大学和外部之间自始至终存在矛盾和冲突，对外界的变化非常敏感而具有不确定性，反而不利于大学自身的发展。当民族国家形成之后，建设统一的法制也自然是应有之义，大学不能游离于国家法制之外，需要重建大学校规与国家法之间的关系。此时的大学与思想自由、言论自由和学术自由之类的法律观念产生了联系，并需要在此种新理念的支配之下重塑大学的管理制度，至此，以宪法基本权利保护为依归的新的大学自治制度得以建立。这是一种不同于中世纪传统自治的本质自治，是从学术自由的理念中演绎而来，它并非以历史为传统，而是将对学术自由的保护作为宪政层面上的合法性依据，并将大学自治上升为宪法上受保护的制度。

2. 大学自治的含义

自治的本质即"自我决定，自我负责"，排除外界非法干涉。所谓大学自治，是指大学得经由自己之机关独自负责并且不受国家之指示以完成事务之意，亦即大学之管理、运营系委之于大学内部之自主性决定。在不同的国家，大学自治内容不尽相同，在理论阐述上也有不同的角度。从实体和程序角度来看，大学自治分实质性自治和程序性自治，前者是指大学有权决定自身目标和学术、教学计划，后者则是指大学独立自主决定通过何种方式去追求自身目标和计划的实现。从自治权的分立和运行来看，又可以分为立法权、行政权和监督权，自治立法是指制定自治规章即学校章程和校规；自治行政是依据自治规章对自治事务进行具体管理的行为；自治监督是指设立内部监督机构，采用中立裁判的方式，对管理活动中的某些重要纠纷进行裁判。从自治主体角度来说，是指大学内部人员自主性治理校务之权利，由大学校长、教师、学生与职员共同治理校务。从具体内容来看，大学的自治权包括人事的自治、学生选择的自治、教育课程决定的自治、研究计划决定的自治、财源分配的自治等。

3. 大学自治的内容

（1）财政自治。

私立大学对经费的支配权自不必说，即使是公立大学的经费来自政府，也有自由支配的权利。对公立大学而言，政府拨款为天经地义，而政府则不能以大学经费来源于财政拨款就对大学事务随意干涉。这是我国早期国立大学财政自治的基本理念。但大学在使用经费时，也有相应的限制，即必须用于学术研究方面，其目的是为了提升大学的学术品质。如德国《大学基准法》规定，学校的经费至少三分之一要用在学术研究方面，不能用在其他地方。当然，实现自治的关键在于政府的经费保障机制的法治化，一方面以避免政府利用拨款来对学校施加不正当的影响从而使大学丧失独立；另一方面则是保证纳税人的税款能够公平、合理、富有效率地利用。一个值得借鉴的做法是引入公平而独立的中介机关，在政府与大学之间建立缓冲机制，典型的是英国和印度。英国大学教育经费的分配是通过政府与学校的中介机构来进行的，并相互签订经费分配公式以资遵循；印度通过大学拨款委员会对高等教育经费进行管理，该委员会是一种半官方、半独立的机构，其运作有很大的独立性。与此相配套的则是建立综合评价指标体系，并适当考虑绩效因素，作为拨款的依据，从而提高资金使用的公平和效率。

（2）人事自治。

大学内有关人员的聘任或解聘的人事事项，都由大学自己决定，政府不能干涉。在德国，大学专业人员的任用由国家通过主管部门的官员从涉及的学院所提交的最终圈定可以接受的申请人名单中做出选择。在英国和美国，大学在人事方面享有完全的自治，政府不插手学术或管理人员的任用过程，英国具体负责学校事务的副校长是由校务委员会和校评议会（教授会）联合提名，最后由校务委员会任命的；美国大学校长是由校董事会负责，董事会成立一个由董事、教授及校友代表组成的校长遴选委员会，通过与人选双向选择的方式最终确立校长。

在法国和意大利，任用机构是全国性的机构，但不是政府性的机构，它由来自全国所有大学的学者组成，负责决定空缺教授职位的任用。在法国，被任用者必须接受指定的空缺职位，否则就失去了候选人的资格；在意大利，候选人拥有等待他喜欢的职位出现的权利。大学在对待一个或多个现有候选人的问题上也有类似的自由，在这一方面，意大利大学比法国的大学要多一点自治。

在日本，第二次世界大战前的大学自治并没有明确的法律依据，但通过几次关于教授任职的事件使自治成为大学管理的习惯制度，这其中有1913年的"泽柳事件"，该事件迫使文部大臣奥田义人同意，教授的人事变动须经过教授会讨论后，才能由校长提交情况呈报书。在1933年"泷川事件"中，首相斋藤发布命令，对京都大学法学部教授泷川幸辰做出休职处分，破坏了"泽柳事件"形成的大学自治惯例，虽经全国抗议未果，但文部省也不得不公开声明"这次免职属于特殊情况，不能作为前车之鉴"。第二次世界大战后的《文部省设置法》将政府在大学管理上的权力主要限于计划、经费等宏观领域，《学校教育法》和《教育公务员特例法》则规定了大学内部的管理、运营等，其中，《教育公务员特例法》详细规定了大学教师的录用、升任和校长、学部长选任的方式、程序等，公立大学的校长首先由评议会或者教授会协商推举候选人，然后把候选人提交全校教职工大会无记名投票表决,最后,把通过表决的校长人选报送文部省任命。

在我国台湾地区,依据"大学法",学校人事实行自治。私立大学校长由董事会组织遴选委员会遴选,经董事会圈选,报请教育行政主管机关聘任;公立大学校长由学校组成校长遴选委员会,经公开征求程序遴选出校长后,由教育行政主管机关或所属地方政府聘任。下属的院长、系主任、所长及学位学程主任等学术主管,采用任期制,院长依本校组织规程规定程序,在教授中选出,报请校长聘请兼任,系主任、所长及学位学程主任,依本校组织规程规定程序,在副教授以上的教师中选出,报请校长聘请兼任。教师聘任则应依据公平、公正、公开原则办理,其初聘应于传播媒体或学术刊物公告征聘信息。国立大学各级行政主管人员,得遴聘教学或研究人员兼任,或由职员担任,并于各校组织规程定之。

(3)学术自治。

学术自治是大学的根本,也是大学自治赖以建立的基础和目的,是指大学可以自行决定与学术相关的一切事项。具体包含三方面:一是学术研究的自治;二是教学自治,包括自主招生、设置学科和专业、自主评价学生的学术水准、决定是否授予学业证书等;三是学习自治,学生享有学习自由权,包括入学自由、选课自由、上课自由及旁听自由和积极参与讨论及表达意见的自由等。

(4)管理自治。

大学有权制定自己的管理规范,以维护大学内部的安全与秩序。一般认为在学术自由的范围内,大学拥有独立的警察权,以维持大学校园的安全与秩序。

在德国,法院对学校的管理自治往往以家宅权的名义加以保护。比如,1968年12月在德国法兰克福大学内发生多次学生骚扰课堂及霸占教室事件,校方为维护校园秩序,在校内办公大楼张贴通告,指出校内如再有类似学生干扰上课事情发生,学校将勒令停课,甚至关闭大学,对以非法行为阻挠学习及教学权利的滋事分子,将以刑事追诉;而该校学生会成员,也张贴与校方所张贴同样大小的通告,指责校方公开威胁及无权关闭大学等,校方当天取下学生会所张贴的通告,并告知学生会不得在办公大楼内张贴通告。学生会不服,向法院提起诉讼,法兰克福行政法院认为,校方取下学生会的通告,并禁止再为张贴,是根据《黑森邦大学法》第10条第5项所赋予的家宅权。校方得设置告示牌以供张贴海报,凡非属学校通告,应先征得校方同意,法院进一步指出,大学目的在于研究和教学,校方为了维持校内和平秩序,保障大多数学生上课利益,学校基于家宅权,有请警方协助,排除干扰的权利。在海德大学学生骚扰上课案中,法院也采用家宅权的方式来支持学校的管理权,三名学生与其友人在德文研究所不断骚扰上课及考试,校方引用家宅权予以警告,其仍置之不理,迫使该研究所停课,法院判处被告13~17个月有期徒刑并处罚金。被告不服,以其骚扰上课是实行学生罢课的决议为由提起上诉,联邦最高法院在1981年10月8日驳回其上诉主张,认为学生对学校使用的家宅权,亦即警告之措施置之不理,其行为已触犯入他人家宅之规定,使上课中断亦为不法。同时认为大学与学生不属一般劳资关系,学生不得主张罢课权。

学校基于大学自治对学校设施享有管理权以维护学校秩序,这种管理权不但能够约束学校成员,而且能够排除外界干涉,可以拒绝政府警察权的介入。对政府来说,警察不可随意进入校园,除非校园秩序混乱到大学当局无法控制以至于严重危害社会治安的地步,否则警察不能主动进入校园。对学校来说,虽然有权请求警察协助维护校园秩序,但这种请求也要以学校发生重大侵害事件而致发生生命健康和重大财产损害的紧急状况为限。

警察进入校园后也不能包办事务,校园秩序的维护仍要以学校当局为主,警察仅起辅助和配合作用,在具体事务上,依然要尊重学校的专业判断,即使持证进行调查也要有校方人士的陪同。同时,警察权力的行使要受到警察公共原则即要以维护公共秩序为必要、警察责任原则即仅对负有责任者行使警察功能、比例原则和正当程序原则的限制。

在日本东京大学人民剧团一案中,学生团体召开戏剧表演大会,在会上,学生们发现有4名身着便装的警察以搜集情报为目的潜入会场,便对其中的3人实施了拘禁,并从其身上强行搜出了笔记本,令其书写认错书。之后当局起诉学生。一审、二审法院均强调大学自治,认为学生的行为乃进行防卫的正当行为,不具违法性,最高法院虽然最终撤销了一审、二审判决,但并非以大学不享有独立的管理权为理由。法院认为大学自治是大学以深入探讨真理和教授专门学艺为其本质,因此是直接在保障教授及其他研究者进行研究、发表成果、教授研究结果的自由而赋予自治为其意义,大学设施与学生在这些自由与自治效果下,由大学当局自治管理这些设施,而学生也认为具有学术自由并得利用这些设施,学生集会,也在前述范围内被认为具有自由与自治,显然法院认定大学具有独立的、排除政府警察权力进入的管理权,只是由于该案中学生集会并非真正在研究学问,而是属于实际政治性、社会性的活动,因此不享有大学自治权利,警察有权进入校园。

我国台湾地区也曾发生过类似于学校自治权与警察权之间的争议。1991年10月,"100行动联盟"在台大医学院楼前静坐,要求废除"刑法"第100条关于"阴谋内乱和言论内乱"条款,而军警未经校方许可且未取得搜索令状而入校搜查,实行出入管制,并强制拖走、驱离静坐的教师、学生、

医生和市民。专业人士在评价警方该行为时,认为本案中警察权侵犯了学校自治权,因为静坐对社会治安并无妨害,警方的搜查、管制和强制拖走、驱离措施违背了公共原则,即便认为有校外人士的参与而严重危害治安,也应遵守警察责任原则以仅管制校外人士为限,而不能扩及大学师生,同时管制方法太过暴烈也与比例原则不符。

(二)办学自主权的内涵及内容

1. 高等学校自主权内涵

高等学校办学自主权是我国特有的一个概念,自1985年"高等学校的办学自主权"概念得到我国国家政策认可以来,引起了我国学界的高度重视。诠释高等学校办学自主权概念的文章也非常多,但由于高等学校自主权概念极其复杂,到目前为止,还没有一个令人信服的答案。

康德说过,"问一位法学家'什么是权利?'就像问一位逻辑学家一个众所周知的问题'什么是真理?'同样使他感到为难"。而且,高等学校自主权不是纯粹的权力或权利问题,而是有时表现为权力,有时又表现为权利,使本已深奥的问题变得更加复杂。在西方,与"高等学校自主权"最接近的概念是"大学自治"。其实,高等学校自主权是一个中国土生土长的概念,来源于中国改革开放后农村的土地承包经营自主权,本意是自我管理、自主经营、自我控制。但高等学校自主权又很特殊,因为现代大学制度起源于欧洲,大学自治是西方大学存在的基础,内涵非常丰富。大学自治既是一种观念,又是一种制度,也是一种权力或权利。从我国高等学校自主权概念产生的过程来看,高等学校自主权只有西方大学自治的权力或权利意义。作为权力或权利意义的西方中世纪大学的自治权,其权力或权利主要是由组织体(团体)内部成员约定的,或由创办者决定的,也就是高等学校根据自己的办学目标、办学层次、办学理念,通过内部章程约定的权力或内部管理规则所规定的权力或权利。而大学自治权中需要与社会整体或其他组织体协调才能行使的权利,比如诉讼权、学位授予权、免税权等,都要通过皇帝、教皇、国王、主教或市镇当局的特许状获得,每一件特许状都只对该大学有效力。因而,自治权不具有普适性,是单个大学独有的权力或权利,其效力只及于内部成员,属私权范畴。民族国家建立后,社会平等观念得到了增强,贵族等级观念从政府管理职能中消亡,法律成了国家管理社会的主要手段。于是,传统大学中具有共性的特权(通过特许状获得的权利)作为习惯或惯例得到了国家法律的认可,将特权变成为法权,传统大学中具有普遍性的自治权成为具有普适性的法律权利。以前通过皇帝、教皇、国王、主教或市镇当局以特许状方式获得的自治权,在权力或权利性质上脱离了自治权,而成为对所有大学都具有效力的法权。从此，法律开始介入大学自治，政府开始以法律手段对大学实施管理。

"自治"在法律上并没有明确的界定。在我国，从"意思自治""民族自治""村民自治"等法律概念来观察，"自治"的主要意思是指个人或者群体对于与其有关的事务，享有依照其个人或者群体的意志为一定行动的权力。《布莱克法律大辞典》对自治（autonomy）的解释是"自我管理"（Self-governing）的权利或自治政府。Self-regulation 是自我管理或自律的意思，更接近我国自主权的含义。1988 年 9 月 6—10 日，联合国在利马举行大会，发表了著名的《关于高等教育机构学术自由和学术自治的利马宣言》，该宣言指出，自治是指"高等教育机构在国家和其他力量面前的独立性，在其内部管理、财务、行政方面作出决定，并制定其教育、研究、附属部门工作以及其他相关活动方面的政策"。自治的这些内涵都强调了组织体排除外部干涉的重要意义，也就是将组织体的自主权定位于内部事务或私法范畴，表示自己管理自己事务的一种能力与权利。自治这种管理权应涵盖规章制定权、强制实施权、惩罚权等，是非常完整的权利，也就是一种自足的权利，其自足性表现为独立性、非依附性，既不对团体外发生作用，也不受外界权力的非法干涉。

而在我国，"自治权"作为一个特定化的政治概念属于公法范畴。它是民族自治、地方自治机关拥有的一种自主权，即自治地方的公共权力。这显然是从政治学的角度使用自治权。本书所说的自治权是指任何社会组织在遵守法律的前提下拥有的自我决定、自我实施、自我承担责任的权力或权利，在中国的话语中就是"自主权"。

2. 几种代表性的高等学校自主权概念分析

一是语义学视角上的高等学校自主权。从语义来说，"自主"是高等学校自主权性质的关键，"自"者虽然含义很多，但此处只能作自我、自己理解；"主"者，主持，掌管。自主就是自我决定、自我主持。符合现代汉语中"自主"为"独立地管理自己事务"的意思。权，也有多种意思，此处可以作为权力或权利解释，权力对应职责，权利对应义务。因此，自主权实际上是指自我主持的权力或自我主张的权利。现代汉语中，自主权是"对自己的事务在职责范围内独立自主地进行支配"。"自主"对应于"他律"，任何"自主"都是有条件的、相对的，是在他律制约下的自主，并且，他律是一个更强大的力量。自主体现了认识或行动的能动性、主动性。"因此，任何自主行为，必须满足以下三个条件：(1) 它是行为的决定者，是行为的发动者；(2) 它是行为实施过程中的调节者；(3) 它对行为之结果负责，对所实施行为承担着义务和责任。"此概念强调了高等学校自主权自主（行为

的决策和实施）、自律（行为责任的承担者）和他律（行为受一个或多个更强大的力量制约）的统一。

二是利益视角上的高等学校自主权。权力是法治社会的核心要素，权力理论丰富多彩，自然法学派权力理论是构建法治社会的基础。自然法学派代表卢梭认为，国家权力的产生在于全体社会成员的合意（契约），即全体社会成员赋予了国家管理社会的权力；没有全体社会成员的授权就没有国家权力的存在。社会成员的权利是多元的、第一位的，而国家（机关）的权力则是派生的，第二位的。公民权利作为天赋人权是不证自明的公理，因为它直接发端于作为个体的人实现自我价值的需要。为了实现自我，人们不得不授予国家一部分权力以维护人与人之间的关系，从而达到全体社会成员的和谐发展。但是，社会成员并没有将个人所有的权利完全出让给国家，其出让的范围仅限于法律明确规定的事项。因而，社会成员仍保留着通过其他形式实现自我价值的权利，这一权利就包括了组建特定形式的社会自治组织以满足自我管理、自我需要的活动。从某种意义上说，社会个体组建社会自治组织更好地体现了不同种类的社会个体在社会中扮演的不同角色。高等学校的自主，就是让高等学校自主发展，办出特色。由此看来，社会自治组织的自治权并非来源于国家，而是直接来源于各类社会成员因维护共同的群体利益而达成的合意。这种利益的根基在于各高等学校共同体的共同利益，相对于国家法律的"大合意"，这可以称之为部分社会成员的"小合意"。但是，为了确保全体社会成员的利益，国家的"大合意"在效力上应高于社会自治组织的"小合意"。也就是说，国家法律通常具有：于社会自治组织做出的"合意"的效力。自治组织也应该在更高的程度上服从国家的"大合意"，即国家法律。"小合意"就是独立处理自己内部事务的权力，"大合意"就是法律规定的权力。虽然"小合意"应该在国家法律的范围之内，但它并不是国家权力的附庸或延伸，更不是国家权力的组成部分，这就是自主的本质。在这一意义上，高等学校自主权是"指高等学校独立处理自己内部事务的权力，如教什么、怎样教的权力，制订研究计划的权力，法律规定的权力等。它是进行创造性研究和教学活动的必要条件，是分析高等学校与政府和社会之间关系的关键点，它反映了政府和社会对学校活动支持与干预的程度"。这一概念包含了各高等学校共同体的自身利益、独立处理自己内部事务的权力和遵守法律的义务。自主权概念强调高等学校自主权独立处理自己事务的性质，也就是强调高等学校的独立人格，说明高等学校已开始重视自身的利益诉求。

三是法律视角上的高等学校自主权。从法律上说，高等学校是一个法人，法律赋予了各高等学校同样的权利能力，而行为能力是否一致则是学校行为能力的大小问题。法律规定的高等学校权利是否能真正实现,与各高等学校自身的行为能力有关,有的高等学校只有教学职能,有的高等学校则是教学、科研、社会服务能力都很强,这就是我们通常所说的高等学校的目标或定位。在法律视角上,"高等学校自主权是高等学校依据教育法的规定而享有的法定权利,在性质上是一种公权力,不同于高等学校参与民事活动时所享有的民事权利"。此概念强调了高等学校自主权的法律规定性,但忽视了高等学校活动的特殊性和自主性,将高等学校的法律权利当成了自主权。这是目前理解高等学校自主权问题上的重大误区,因为这种观点已经被官方、学者、社会普遍接受,并进入了国家教育的法治实践。

四是教育视角上的高等学校自主权。教育视角强调高等学校作为一个组织体,具有自己特殊的任务和内在的规律性。"因为自治的概念,为了不致失去任何明确性,是与一个根据其特征以某种方式可以划定界限的人员圈子的存在相关联的,哪怕是特征会有所变化,这个人员圈子依据默契或者章程,服从一项原则上可由它独立自主制定的特别法。""依据默契或者制定成章程的制度,赋予一个人员圈子的自治,在本质上也不同于纯粹的缔约自由。"这里的"人员圈子"就是团体,即社会组织。因此,高等学校办学自主权是指"高等学校针对其面临的任务和特点,为保障办学活动能够依据其自身的特点和内部客观规律的要求,充分发挥其功能所必需的自主决策权、自主执行权、自主监督权等"。此处强调了高等学校行为的自主性(自主决策、自主执行)和自律性(自我控制和自主监督),但忽视了自主权的他律性(一个或多个比自主行为更强大的限制力量)。没有把高等学校的法律权利和高等学校的章程权利结合起来。

3. 高等学校自主权的特点

根据现代高等教育自身发展的逻辑、自主权的性质和我国高等学校自主权的实际,高等学校自主权有以下特点:

一是高等学校自主权以学术性为基础。高等学校是从事学术活动的组织体,其教学、科研、社会服务职能的实现都以知识为基础。而这种知识还不是一般的知识,是高深的知识。高深的知识具有探究性的特点,它需要知识活动的主体进行创造性活动,其活动过程充分体现着活动主体的个性,即自主性。正是知识的特殊性才使高等学校需要自主权。《教育法》《高等教育法》《学位条例》《民办教育促进法》等教育类法律规定的高等学校权利,有的是法律对高等学校的授权,有的属于行政部门对高等学校的委托,但这些权利都是法律权利,法律权利本身不是自主权。法律规定的高等学校权利是概括性的,具有一般性,也就是普适性。而高等学校自主权只能通过章程或内部规则得到体现。章程是高等学校自主权的基础性文件,高等学校自主

权只能由高等学校章程和根据章程制定的校内规则来规定。章程的形成过程是高等学校对自身法律权利选择的结果。同时，高等学校自主权决定于高等学校的目的。高等学校职能是其目的的具体表现，只有高等学校的职能发挥了作用，高等学校的目的也就得到了实现。法律规定的高等学校权利，就是将高等学校抽象的职能表达为法律上的权利，通过法律保证高等学校职能的实现。高等学校的法律权利既是高等学校自主权形成的基础，又是高等学校自主权的界限。在这两个条件下形成的高等学校自主权充分体现了各高等学校的特点。

二是高等学校自主权以法律权利为依据。现代社会是权利的社会，一切权利都是法律上的权利，只有法律上的权利才能得到社会的认可，才有国家强制力保障其实现。权利是权力的基础，权力是权利保障的规范化形式。高等学校自主权相对于政府行政管理权力是权利，而相对教师劳动权和学生受教育权又是一种权利。但无论高等学校自主权表现为权力还是权利，都必须具有合法性。由于学术活动的自主性、创造性和非重复性，高等学校法律权利只能是原则性的，具有尽可能大的自主空间，这个自主空间，为高等学校自主权的形成奠定了基础。高等学校自主权就是各高等学校依据法律权利，根据自身办学特点、目标定位，由组织体内部成员共同约定或由举办者规定的权力。高等学校法律权利是高等学校自主权合法性的界限。

三是高等学校自主权以章程为表现形式。高等学校章程伴随着中世纪大学而产生。当时国王或教皇给大学颁发允许其开设课程、聘请教师、制定学术标准等特许状，从而使大学在学术和管理方面的自治权力合法化。这些特许状或章程在形式和内容上构成了大学章程的雏形。而民族国家的高等学校章程来自于政府的审批。高等学校章程是高等学校法人成立的基础性条件，具有高于大学本身的法律效力。它上承国家法律法规，下启大学内部管理制度，是连接大学内外制度的纽带。虽然高等学校章程只对高等学校内部成员具有约束力，但高等学校章程的合法性是经过政府审批的，所以，政府也应当遵守高等学校章程。章程的意义在于将高等学校的法律权利与高等学校自主权融为一体，具有连接高等学校内外制度纽带的作用。

因此，高等学校自主权就是指高等学校的法律权利，以及依据法律权利，结合自身的目标定位和办学特点，以学术自由为主要内容，由其章程所规定的自主决策、自主实施、自主承担责任的资格或能力的总称。

4. 高等学校自主权的内容

（1）按活动领域的分类。

马克斯·韦伯认为：权力是"一个人或一些人在某一社会生活中，甚至是在不顾其他参与这种行动的人进行抵抗的情况下实现自己意志的可能性"。

"权力意味着在一种社会关系里哪怕是遇到反对，也能贯彻自己意志的任何机会，不管这种机会是建立在什么基础之上"。高等学校自主权是高等学校法律权利的具体化，相对于政府的教育管理权力而言，高等学校自主权表现为权利（right）。而在高等学校内部管理活动中，高等学校自主权与学生、教师形成管理与被管理的"非对等"关系，表现为一种权力。如学校可以开除学生、教师，而学生、教师不可能开除学校，这时的高等学校自主权具有明显的强制性和单向性。因此，高等学校自主权既是权利也是权力。对高等学校自主权的这种分类，有利于我们更好地认识高等学校自主权的性质，以便找到治理不同性质高等学校自主权的合适方法，更好地保护高等学校自主权和形成高等学校自主权行使的自律机制，促进高等学校自主权的良性运用。

（2）按活动性质的分类。

从高等学校的活动性质来分析，高等学校作为一个学术自治组织或学术共同体，其权力可以分为行政权力和学术权力。所谓行政权力，是指以行政管理体制为基础，以行政管理职能为依归，以效率化为行动目标，以严格的等级制度为依托，由高等学校内部行政机构或行政人员所行使的权力，为制度化的权力。科层化的行政体制构成了高等学校的组织管理体系，其运行动力是高等学校的行政权力系统。就我国目前的情况来说，高等学校行政权力一般分为三个等级，即校、院、系，三者间构成了一个自上而下的纵向权力体系，渗透到高等学校的日常工作运行中。学术权力属于一种权威，权威不同于制度化的权力，权威意味着自愿的依存，并且是支配者和被支配者在目标取向上的协调一致。如果说行政权力是合法化的，那么学术权力作为一种权威则是合理化的，它尽管存在等级，但不以严格的制度为依托。高等学校学术权力是由学术活动本身的内在逻辑所决定的，这种权威表现为"教授治校"。作为高等学校不同性质的两种权力，行政权力和学术权力虽有区别，但不是截然分开的。虽然学术权力是一种权威，具有明显的个性化特征，但在学术活动过程中，逐渐形成了一套学术性规范，因而也具有强制性的行政色彩。如现代高等学校的学术管理、学科建设、教师的聘用以及学位的审批等，都具有制度化的管理特征。行政权力的主体是高等学校管理部门的官员及其辅助人员，学术权力的主体是大学教师。作为高等学校行政权力，应该严格依法行政，建立完整的行使权力的程序，完全适用少数服从多数的民主原则。而学术权力是一种权威，其学术规范的管理具有行政管理的特点，但就学术活动来说，并非能够适用少数服从多数的原则。

（3）按活动主体的分类。

高等学校自主权是组织体内部成员依据法律规定或约定的权力，其行使

主体有作为法人的学校，作为个体的教师和学生。按行使高等学校自主权的主体，可以将高等学校自主权分为高等学校法人自主权、教师自主权、学生自主权。作为高等学校法人的自主权表现在外部交往与内部活动两方面。在对外交往中，高等学校法人与政府、社会组织、个人发生的关系，除与政府的关系中一部分为行政关系外，其他的关系均为民事关系。在内部活动方面，作为学校的管理者，高等学校法人具有内部行政管理权，行政管理权中有一部分是学术性（管理）权力。"所谓学术权力，又可以划分为学术权力和学术性权力。这两种权力都是在学术领域，针对学术性问题行使的。前者是个体化的，后者是有组织的；前者是内在的，后者是外显的。而学术性权力与行政权力同样具有组织性、程序性与外显性，有时二者容易出现边界不清的情况"。行政管理权由高等学校职能部门的行政人员和辅助人员行使。而作为高等学校自主权核心部分的学术自主权，主要由教师的教学活动和科研活动来完成，高等学校教师的自主权表现为研究自主权和教学自主权。而学生的自主权表现为自主选择专业、教师和学习内容。对高等学校自主权做这样的分类，有利于我们认清高等学校自主权在高等学校内部各主体间的权利分配。高等学校法人自主权的内容是高等学校内部管理权；高等学校教师的自主权是教学与研究自主权，即学术自由；高等学校学生的自主权也就是学与不学、学什么、什么时间学的自主选择权。通过这一分类，将高等学校自主权与高等学校法人自主权相区别，将高等学校的内部行政管理权与学术权严格区分，以利于运用不同的管理手段落实不同主体的自主权。

5. 高等学校自主权的性质

由于高等学校自主权从现代高等学校建立以来，经过了长期的发展，从学者行会到自治共同体，从私人事务到国家权力，从学术自由到法律控制，其中包含了众多因素。因此，要对高等学校自主权的性质做一个终极性或一元性理解都是不可能的。例如，从权力的高权性理解，高等学校自主权与国家的教育行政管理权相较，高等学校自主权是一种权利。从高等学校自主权作为国家授权或政府委托高等学校进行教育活动的管理来说，高等学校自主权又是一种权力，对教师的教和学生的学来说又是一种权利。从这种角度理解，高等学校自主权的性质相对简单。在此，我们根据高等学校自主权的不同构成基础，将高等学校自主权的性质分为国家教育管理权、学术自由权、内部自治权，以利于找到高等学校自主权的本质特征。

（1）高等学校自主权是国家教育管理权的延伸。

当高等学校自主权表现为高等学校内部管理权时，实际上是国家教育管理权的延伸，在行政法律关系上表现为权力，一种经国家授权或政府委托管理教育者或受教育者的权力，其性质是一种公权力。我国的公立高等学校享有的属于教育类法管辖的办学权利或从事教育活动的权利，属于国家的授权，是从国家教育权中分离或独立出来的，是国家依据宪法规定行使教育权力的一部分。高等学校作为国家履行高等教育职能的组织，国家授予高等学校自主权的目的，就是力求使高等学校找到与自身特性更为契合的管理方式和管理结构，促进高等教育国家目的实现，更好地落实国家教育权和实现公民的受教育权。然而，高等学校是集学术性、自治性和公共性于一身的公共组织，高等学校自主权作为公共权力具有内在的扩张性，如果缺乏有效的制约，就会发生滥用而侵害受教育者和教师的合法权益。高等学校自主权就其对"公共利益"的追求而言，其目的是履行国家教育权，实现国家的办学宗旨，其以追求"国家公共利益"为主，其实现手段具有国家公权力的"强制性"特征，如高等学校享有的招生权，学籍管理、奖励、处分权，颁发学历证书权，无论是从行为的单方意志性、强制性，还是从对相对方的约束力和权利、义务来看，都更多具有公权力的性质。

（2）高等学校自主权是一种学术威权。

当高等学校自主权表现为学术自由时，他是一种行业权力，是学术能力的体现，是一种威权。学术自由权在高等学校主要表现为科研自主权，是高等学校自主权中以履行高等学校科学研究职能为主要内容的自主权。科学研究是高等学校的三大职能之一，经过科学研究形成的权威，具有自身的规律，学术权威的形成除需要得到同行学者对其学术的认可外，还有学术人品、学术程序，最后以学术人格形式得到同行认可，才能形成学术权威。学术权威也是一个不断发展的过程，随时都有来自同行学者的挑战，只有通过在学术上不懈努力，才能保有学术威权。有人将学术权威的基本特征做了如下概括：普遍主义、公有主义、不谋私利精神和有条理的怀疑精神。它要求一个科学家，首先必须以科学真理作为追求的最高目标，必须献身科学事业（无私利性），并做出成就；同时还必须把自己的成果及时公之于众（公有主义），接受同行的评价；科学家还必须对别人的成果做出公正合理的评价并给予相应的承认和荣誉（普遍主义和有条理的怀疑精神）。可见高等学校科研自主权是以高等学校的学术自由研究为基础的权力（利），它遵行学术客观性的价值规则，追求社会公共利益，在实际运行中遵循的更多是平等与自由的原则。其内容可能是自我创造，也可能是对学术活动中的学术事务进行评价或判断的权力。但这种权力的行使具有一定的特殊要求，必须以学者的专业能力为基础。因为"他们最清楚高深学问的内容，因此他们最有资格决定应该开设哪些科目，以及如何讲授，此外教师还应该决定谁最有资格学习高深学问，谁已经掌握了知识并应该获得学位，更显而易见的是教师比其他人更清楚地知道谁最有资格成为教授"。这段话精辟地论述了教师在课程设置、教学、招生、学位评定、教授职称评定等方面所拥有的判断能力，学者正是基于这种优势而获得权力的行使。因此，学术自主权的主体是学术组织或学术人员，客体是学术活动中需要做出评判的学术事务，是一种"专业性权力"，是高等学校自主权的真正根基。诚如周光礼所言，"实际上，大学办学自主权的核心是学术的自主权，离开学术谈大学的办学自主权没有任何意义"。所以，作为高等学校自主权根基的学术威权是一种让人心悦诚服的权威。

（3）高等学校自主权是一种团体自治权。

当高等学校自主权表现为一种共同体内部的章程性权力时，是一种约定的权力，是合意性权力，只对内部成员有效力，其性质表现为自治权。大学自治主要涉及学校的内部管理，在遵守国家有关法律的前提下，自行组织教学、科研以及为社会服务，对外以法人身份参与各种活动。任何社会组织都有自己成立的目的，都有共同体成员的共同利益和个人利益。以学者行会为其内部起源的大学，作为利益共同体也有自身的利益追求，这种利益追求主要表现为学术自由和经济利益。两种利益实现方式是相辅相成的，较大的学术贡献往往有较大的经济利益；追求学术自由是公开的，而经济利益的诉求往往是隐蔽的。在我国社会转轨的过程中，高等学校也日益显现出商业化的一面，一些市场化程度较深的高等学校往往更容易受商业力量的控制，使学术自由受物所困，为了课题、为了利益不惜丢掉学者的尊严。

虽然大学自治以学术自由为基础，但对学术自由的追求并不是大学自治的全部价值所在。英国学者罗伯特·伯达尔明确指出两者的区别。他提出学术自由关系到学者个人在不受处罚或者失去职位的条件下，从事教学与研究的资格，而大学自治关系到学校内部所必需的自我管理学者群体的地位。学术自主权主要适用于大学教师及学生的学术活动，学术自主权的活动范围主要是大学的教学和科研，其目的是为了发现真理、传播真理。在学者行会建立的过程中，教师让渡出自己手中的"私权利"形成了学者行会的自治权力。正如科尔曼所说，"法人参与者最终从自然人那里获得进行的资源，包括'自然人'在内，这些人为了追求共同目标，把获得进行的资源结合起来，从而建立团结和组织这样的一些新的集体资源"。昂格尔也说道："主体之所以接受并遵守一种人们之间相互关系的结构框架（指利益联盟），原因在于它相信这是实现其目的的手段。"因此，大学自治的权力来自教师的合意，此时的高等学校具有了一种成员利益维护组织的色彩，和行业组织具有同样的权力性质，诸如工会、商会之类，而这时的高等学校自主权表现为高等学校团体的集体性权力，其追求本行业或本组织范围内的"公共利益"，就其性质而言是一种社会权力。当然，现代大学自治的权力必须符合法律的要求，不然，章程所确定的自治权也就没有了合法性依据。

6. 对办学自主权的反思

我国虽然在《宪法》中明确规定了学术自由权，但在建构具体的权利保护制度方面却存在很多不足，使得学术自由权有沦为纸面权利的危险，特别是对大学学术自由的保护方面，没有建立一种制度性保障措施来实现学术自由，甚至没有提到大学自治，只在《高等教育法》中规定了大学自主权，而办学自主权从本质上并不是出于对学术自由的保障，而是新中国成立以来对高等教育事业性质认识的一种延续。传统观念认为，只有强大的国家才是实现和保障权利的最可靠的手段，任何与国家力量不同的社会自治力量单位，都必须纳入国家权力的势力范围，通过国家权力这种唯一的渠道进行表达和行使。所谓的高等学校办学自主权，是在有限的范围内，政府让渡给高等院校的一部分教育行政管理权，甚至只是国家默认的一种恩赐。所以，在人们的意识中，它是下放的而非大学应有的权利。

"授权说"的定性，使得大学得以纳入国家行政权力作用范围，对大学实施严格的管理和监督。这种定位把大学自主权视为国家行政机关以及行政权力在大学的延伸，大学所制定的学校管理规则性质上类似于行政机关所制定的规范性文件，依据权力分立原则，行政机关的规范性文件制定必须具有法律授权，这种授权禁止概括性，须有形式意义上的法律的明确授权，确定授权的内容、目的和范围，否则就违背了行政合法性原则。

在西方大学自治中，学者们一致同意确立真理和真实命题的抽象标准，将学术自身作为大学的精神。我国的学术传统倾向于学术代表者的个人权威，而非学术本身的权威。"学术（或宗教）上的权威并不是经典本身，而最终都集中于个人的身上，此个人即经典的诠释者。欧洲经典的诠释则是在社团的保护下集体进行的。"这种学术上的权威几乎延伸到了整个国家秩序之中，因此使得大学一方面作为一种体现自主和学术自由的西方传统的核心价值机构而存在着，但另一方面，却是知识分子的权威传统以及官僚权势对知识和学术的论断仍然处于强势，导致我国的学术自由都非常脆弱。因此，我国大学的办学自主权与学术自由之间缺乏一种内在的手段和目的的直接关系，使得办学自主权不过是国家出于行政效率考虑而实施的行政放权手段而已，而非对学术自由的尊重，从而出现了大学所进行的种种改革难以走出"一统就乱，一乱就统"的困境，只有在以学术自由为基础的法治保障之下，大学改革、大学制度的构建才有可能获得成功。

依据《教育法》和《高等教育法》，大学办学自治权的内容大致包括：招生，教育教学，科学研究，设置机构、配备人员，管理教师，管理学生，使用经费等七类。但由于政府与大学之间长期形成的隶属关系，使得虽然法

律法规即便对大学的办学自主权都做了较为明确的规定,也可能沦为纸面上的装点。具体说来,我国的办学自主权存在以下不足:

(1)主体单一。教育法规定办学自主权的主体是大学,高等教育法中主体是大学和校长,而没有作为大学重要构成人员的教师和学生,特别忽视了学生的权利,但在大陆法系许多地区,学生一直处于大学构成主体的地位。"学生不仅是居于利用大学营造物的地位,而且也居于大学教员指导下,从事于学术研究的地位。学生为大学不可或缺的构成员,在大学学习学问、受教育,则其对于校园的环境与条件的维持及其改变,具有重大利害关系。因此关于大学自治的运作,学生享有提出要求、批评或反对的当然权利;教师也负有诚恳倾听学生声音的义务。"

(2)学术自由的事项和内部行政管理的事项界限不清,统一于自主权之中,法律上没有对两者区别对待,更没有对前者着重对待,这种状况导致自治权的内在结构不清楚,主体不明确,使得行政权力主导大学管理。校内行政权来源于组织和职务,其目的是管理,表现出科层化特征,正如韦伯所认为的,科层化的权力属于法定的权力,它本来指在经济领域中明确分工,以效率化为行动的追求目标,以严格的等级制度为依托,和学术权力相比是大学内完全不同的权力结构,行政权力强大的结果是多元化的学术纷争可能由行政长官一锤定音。

(3)把办学自主权严格限定为国家的授权,压缩了大学自治的空间,以至于大学成为政府触角的延伸。

(三)大学自主与大学自治的关系

大学自主和大学自治有着本质上的不同,即使把大学自主权视为大学自治的中国化表达,二者的地位也相去甚远,因为大学自主来源于法律而大学自治来源于宪法,前者依赖于立法者而后者则来自于立宪者。我国的立法者又是立宪者,办学自主权既然已经在高等教育法中做了规定,如果立宪者愿意,启动修宪程序也并非难事,但由于人们往往视法律为宪法的具体化,更关注宪法规范在部门法中的具体化,而不介意法律权利的宪法化问题,所以认为大学自主只要在法律中做出规定就已足够,对于没有入宪反倒不以为意。

事实上,能否入宪产生的后果差异巨大,自主和自治之间是法律权利和宪法权利的不同。判断某项权利是属于基本权利还是法律权利取决于其是否为宪法所创设,取决于其是否具有基本权利的品质,一旦成为基本权利,便具有约束立法者的效力。

我国的办学自主权虽然是特定时代的产物,但与大学自治权相比,两者在功能和精神上应该有着一种内在的一致性,都应该以学术自由权的保护和实现为依归,因此,我国大学的学术自由保护和自治制度建设完全可以从西方大学自治中寻求借鉴,以完善我国的办学自主权,提高学术水平,实现办学目的。

第二节　高职院校内部治理现代化的理论基础

任何一项制度的设计都离不开理论的诠释与支撑,特别是对关于人的行为的理论研究和借鉴更为重要。因为,任何一项制度都是关于人的制度,制度的执行主体是现实的人,最终目的也是为人服务。制度的这种属性决定了我们在研究和设计制度的时候,都离不开以对人行为的某种假定,即人性假设作为自己的理论基点。合理的人性假设是制度的合理性和有效性的基本前提,也是制度可执行性的基本保证之一。人性假设的错误,将导致制度的错误,进而导致制度失灵。

在市场经济体制下,中国公立高职院校多元利益主体生成的客观现实,要求我们必须将各利益主体都纳入到公立高职院校的管理结构中来,以保证各利益主体都能够在充分表达自己利益诉求的同时,实现公共利益的最大化。今天我国高等教育体制改革的实践已经证明,我国传统的大学制度设计中的"政治人""单位人""道德人"的人性假定由于不符合实际,引发了诸多"制度失灵"的现象。这说明传统的大学制度理论与中国公立高职院校改革与发展的现实状况严重脱节,迫切需要更新与重构大学制度的理论根基,寻求新的理论支撑来指导制度构建的实践。公共选择理论、治理理论、法人理论、多元治理理论等提供的一些思想很有建设性,可以作为构建高职院校治理现代化的理论基础。

一、公共选择理论

自由市场经济的主要内容是:市场能有效地配置社会资源,政府对经济要采取放任的方式。然而,20世纪初的资本主义经济危机及严重的贫富分化使人们对这种自由放任的资源配置方式产生了疑问。此时,凯恩斯的宏观经济主张则在人们对自由市场经济所抱有的幻想破灭之时悄然占据了主导地位,政府的作用由此凸显出来。倡导政府干预经济的主张越来越受到人们的广泛认可与支持,市场在资源配置中的有限性成了政府干预经济的重要缘由。然而,逐渐走向理性的人们并没有停留在对政府干预的简单依赖中,而是开始用质疑市场经济有限性的视角来审视政府干预经济的行为。人们认为市场虽然具有局限性,但是政府干预却未必是解决市场失灵的唯一良策。20世纪后半叶,西方国家出现的始料未及的财政赤字和通货膨胀等一系列问题表明:政治领域中的个体同样具有"经济人"的特点,同样有追求自身利益最大化的需求。因此,政府干预也会存在缺陷,一旦缺乏有效的约束和规制,其产生的负面影响甚至会更大。公共选择理论的主要代表人物布坎南正是在这样一种背景下通过深入分析,以"经济人"假设为理论起点提出了公共选择理论,其目的是通过透视政府失灵问题来寻求克服政府干预的有限性的途径,试图建立一种能够有效规制政府行为的制度体系。

(一) 公共选择理论的人性假设

公共选择(public choice)又称作集体选择(collective choice)。公共选择理论可以定义为非市场决策的经济研究,或者简单地定义为把经济学应用于政治科学。像经济学一样,公共选择理论的基本行为假设是,人是一个自利的、理性的、追求效用最大化的人。萨缪尔森和诺德豪斯认为,公共选择理论"是一种研究政府决策方式的经济学和政治学。……研究了当国家干预不能提高经济效益或收入分配不公平时所产生的政府失灵"。公共选择实际上就是对公共物品的供给与分配做出选择,即按照规定的方式和程序对公共物品进行选择的行为。基于上述分析,"经济人"假设主要包含三方面要义:

第一,"经济人"的内涵是人具有利己倾向与理性特征。尽管"经济人"假设的内涵随着人类社会的不断发展和认知水平的逐渐提高而得到一定的丰富与扩展,但利己与理性始终是这种假设的核心所在。"经济人"假设抽象现实,能够客观地揭示市场经济条件下人的行为的基本特征。"经济人"因为"利己"而不断地进行相互博弈以期实现自身利益的最大化,这种行为也在一定程度上推动了社会的改革与发展。与此同时,"经济人"在不断博弈的过程中又因为有"理性"而逐渐认识到,尽管彼此之间存在着利益诉求的差异,但是对个人效用最大化的追求要在制度认可的范围内才能得以实现。由此看来,协调与合作似乎是"经济人"实现利益最大化、融利己与理性于一体的必然选择。

第二,"经济人"是追求个人利益最大化的利己主义者,同时也有利他主义行为。从社会个体的视角来看,每个利益主体首先都是自利的,之后才是利他的,但是利己与利他并不存在绝对冲突,即人既有利己的本性也有利他的兴趣。正如马克思所言:"人们奋斗所争取的一切,都同他们的利益有关."自利是人的本性,它可能导致人们之间的尔虞我诈,但也可能推动社会的进步,其本身并无好坏之分,关键在于有没有科学的制度对这种自利行为施加有效的影响与控制,实现个体与整体利益的相互融通。另外,利己并不排斥利他,利他是对以往经济人假设中个人主义的有力扬弃,它是人性更高层次的表现,当今社会诸多的协调、合作与共赢现象便是最好的例证。

第三,"经济人"假设为制度分析提供了统一的基础,"经济人"的逐利行为需要在一定的制度框架下实现。任何时候,人们追求自身利益最大化的动机都是强烈的,其行为也是十分复杂的,既可能是正当的与合法的,也有可能是不正当的甚至是非法的。从人类社会发展的历史来看,利益冲突是造成社会制度变迁的最根本原因,而以利益为出发点的制度体系又是推动社会发展与进步的有力杠杆。"经济人"的利己主义与利他行为需要受到制度的规约与影响,有效的制度要能够使经济人在实现自身利益最大化的同时增进社会利益。为此,良好的制度体系则成了决定一切的关键所在。以"经济人"假设为基础的制度是一种成本较低而收益较高的制度,能够使"经济人"在实现自身正当利益的同时促进社会利益的最大化。它不倚重道德人的善治,也不屈从于个别统治者的喜好,而是将所有个体都纳入到制度框架之中,使所有个体的行为都受控于制度规约之下。

总之,不同的人性假设会导致不同的制度选择,而不同的制度框架又会引发个体不同的行为选择。以"经济人"假设为前提,我们在制度选择时,应该有意识地选择那些能够引导"经济人"在有序追求个人利益的过程中实现社会利益的制度模式。

(二)公共选择理论关于政府干预的有效性

政府干预失效即政府失灵问题是公共选择理论研究的重点。政府决策问题是公共选择的具体形式之一,公共选择理论一直在积极关注政府的决策过程。事实证明,政府并非是纯粹的超利益组织,它同样是一个由追求自身利益最大化的诸多个体相互影响、相互作用所构成的复杂系统。个体活动是一切社会活动的基点,而个体活动的背后又必定存在利益的驱动,那么政府成员在从事政治活动时是不会不考虑诸如权力、地位、声望等个人利益问题的,即他们的行为目标也许并不是社会利益的最大化,至少不是单纯的社会利益最大化。这也就是为什么委托—代理机制中政府易于产生决策迟滞、合约不完备、预算过大以及缺乏激励监督机制等问题的原因所在。

公共选择理论对政府干预的有效性产生了疑问,然而这种质疑却不是就此而止,因为与此同时它也在积极寻求弥补政府干预缺陷的措施。在研究中我们发现,一方面,由于缺乏充分竞争导致了政府机构的低效率运行;另一

方面，对于政府行为又缺乏一个行之有效的激励约束机制。试想，在"一元"利益格局背景下，政府作为绝对意义上的强势利益主体，不仅权力寻租的空间大，而且权力行使的随意性也很强；再试想，当制度都无法凭借其约束"压力"来阻止利益主体的非正当利益诉求时，我们又何以期盼掌握权力的个体或组织会自觉地一心为公呢？这并非是对人格的亵渎，只是因为这不符合人的本性。正所谓制度不合理，好人也可能办坏事。因此，当我们将一种权力交于某一组织与机构的时候，我们必须要使这种权力受到制约与监督。在利益主体多元化的社会，要建立一种由多元利益主体平等地拥有决定权的制度体系，是正确而有效的。毕竟，人性需要制度来引导，利益需要制度来协调，完善的制度体系是至关重要的！

（三）公共选择理论的启发

公共选择理论是运用经济学的逻辑和方法来分析和解释政府行政行为的理论体系，它在深刻剖析了政府干预局限性的同时也对如何弥补这一缺陷提出了诸多有益的政策主张，这为我们提供了很多有益的启发。

1. 为我国高职院校现代大学制度的设计提供了人性依据

公共选择理论简化了"经济人"的研究范式，将人的政治行为与经济行为纳入到一个研究框架中来。同时公共选择理论也理性地对待了人的"经济人"本性，认为他们虽然是利己的，但也是理性的，他们有能力为实现自身利益最大化创造条件。由此我们可以说，包括政府在内的每一个多元利益主体都拥有自身的利益诉求，渴望实现利益最大化是客观事实，同时也是"经济人"利己心的表现。然而，拥有利己心的多元利益主体也会理性地认识到，如果没有合作、激励和约束，交易成本会大大提高，为此必须确立一套良好的制度体系对多元利益主体的利己行为进行有效规约。中国高职院校现代大学制度则应是多元利益主体在追逐个人利益最大化及实现共赢渴望的驱动下建立的。这种合理的制度体系反过来才会促使个体追逐自身利益的行为推动社会利益的实现，这一过程便是以利己为出发点促成了利他结果的实现。另外，将"经济人"假设因素考虑在内所构建的制度，是一种促使"经济人"行为促进社会和谐的制度，它能把各多元利益主体都纳入到制度框架内，使其存在于制度可控之中，减少矛盾与纷争。

2. 客观对待政府的权威、重视中国高职院校制度建设的重要性

公共选择理论对于政府失效性问题的犀利揭示使人们对政府的权威性产生了质疑，但同时公共选择理论也指出，政府失灵问题并不应该从政治家或者政府官员自身素质上找根源，而应当从宪法或制度、规则上寻找根源。这便为我们客观对待政府的权威性以及重视制度建设提供了参考。在社会利益

结构逐渐多元化的今天，人们崇尚权力之间的平等与制衡，然而，当多个利益主体处于同一社会领域并发生相互作用时，彼此之间便不可避免地会发生利益的冲突与摩擦。然而问题却在于，一方面，在中国这样一个具有特殊社会历史背景的国家，政府似乎是一个可以站在更高的层面来整合多元利益、缓解摩擦的组织；而另一方面，政府部门的成员同样具有"经济人"的本性，同样具有追求私利的需要与动机。一旦法律和制度约束不力，腐败及寻租等问题就会产生。对此，公共选择理论认为，想要协调这一矛盾，就要使政治活动也在科学有效的制度环境下进行。这种制度的形成必须是多元利益主体通过多次博弈促使意见达成一致的结果。在中国公立高职院校利益主体多元化发展的今天，政府应该如何定位自身角色，多元利益主体又应该如何有效地规制政府行为，这些其实都是制度问题。实际上，在中国公立高职院校管理体制当中，对于政府的行为，我们缺乏的是有效的制约机制，而对于其他利益主体，我们缺少的是科学的协调机制。由此看来，针对新型多元利益主体并存的格局，寻求科学的制度建设势在必行。

3. 利益是中国公立高职院校变革的根本驱动力，多元制衡是其发展的应然选择

无论是公共物品的选择还是私人物品的选择，利益都是其最本质的问题。利益是制度确立的基点，制度是利益实现的保障。健全的大学制度应该具备双重属性：第一是激励，即它要能激发多元利益主体追求自身利益的热情，因为这是高等教育发展的根本动力；第二是约束，即它可以有效防止个体追逐利益的行为侵害社会及他人利益，因为这是高等教育和谐局面形成的根本保证。公共选择理论不仅使我们深刻地认识到多元利益主体的逐利性对大学发展的推动作用，而且对多元利益主体的监督与制衡问题有了更深刻的理解。确实，中国的高等学校早已今非昔比，无论是利益结构、利益关系还是利益观念都已经发生了根本性的改变。利益已经成为推进高校变革的巨大驱动力。但是这种利益并非单指狭隘的经济利益，它还包括高校的声誉、组织文化、品牌价值等许多无形的、内涵丰富的因素。多元利益的有效实现必然需要多元利益主体的参与，因为只有竞争足够充分、参与足够平等、激励足够有效、约束足够有力，才能更大范围地减少决策的失误以及制度运行的阻力，才能在降低内耗的同时提高组织的运作效率。

二、治理理论

（一）治理理论产生的背景

自从 1989 年世界银行在讨论非洲的发展状况时，在撒哈拉结构调整项目失败的总结报告中首次提出"治理危机"（crisis in governance）之后，治理一词便得到了广泛的使用并被赋予了更为丰富的内涵，但其中主要涉及的还是有关国家公共事务的管理问题。然而，任何一种理论都是在特定的社会历史背景下应运而生的，治理理论也不例外。治理最初源于西方，这就决定了它必然与西方广阔的社会政治、经济环境之间存在必然的联系。想要更为全面而深刻地理解治理理论，我们就有必要对它产生的社会历史背景做进一步的了解和分析。

1. 治理是解决政府与市场失灵的一种替代性制度选择

西方社会的发展历程让我们清楚地看到：自由资本主义时期人们奉行的是亚当·斯密的自由主义经济理论，过度重视和强调市场自身的调节作用，但是这种经济思想和经济行为很快便受到了现实的严峻挑战。20世纪30年代的经济危机使单纯依靠市场调节的弊端暴露无遗，市场这种资源配置方式在信息反馈方面的滞后性、在解决效率与公平问题上的失效性使它不可避免地暴露出自身的局限性。

市场调节的有限性所带来的弊端，终结了人们对于过度强调市场调节作用的自由主义经济的膜拜。也正是抓住了这样一种契机，政府在干预经济和社会公共事务方面占据了重要的一席之地。然而，这种干预和调节却没有仅仅局限于所需要的领域，而是在利益的驱动下致使政府的职能呈现出不断扩张的趋势。结果是政府职能的无限扩张性与政府资源的有限性之间的矛盾日益尖锐，最终必然导致政府调节的失灵。为此有人开始倾向于重塑政府形象、转变政府职能，使以往的"全能政府"转变为"有限政府"。事实上，人们似乎已经陷入了非市场即政府这种极端式选择的思维怪圈。而面对政府与市场各自的局限性，还有一部分人开始将目光投向了多方参与的治理，从而打破了原有的非政府即市场的思维模式。把现实发展的路径作为一种多元参与的过程。事实上社会的发展也是只有多元利益相互协调，彼此间的交易成本才能较低而收益较高。

2. 委托—代理问题的影响

奥利弗·哈特在《公司治理理论与启示》中提出，一个组织只要存在着以下两个条件就必然会产生治理问题：第一个条件是代理问题，更确切地说是组织成员之间存在利益冲突。第二个条件是交易费用之大使代理问题不可能通过和约解决。随着科学技术的迅猛发展，社会分工逐渐专业化、细致化，以往单一的管理技能和粗糙的管理方式已不能适应社会发展的深层次需要，企业所有者也逐渐认识到自身知识和能力的有限性，进而开始选用具有一定专业知识和技能的人员专门从事经营和管理工作，由此企业的所有权与经营权逐渐分离，代理问题便随之产生。委托人与代理人之间由于利益诉求的差异，就不可避免地会存在利益冲突。加上彼此之间基于各自所处的特殊地位使得他们在信息的获取和掌握方面也存在着差异，也就是所谓的信息分布不对称，这就很容易使委托代理关系中存在"逆向选择"和"道德风险"的问题。与此同时，人的有限理性与社会环境的不断复杂化，使人们很难订立一个能够涵盖和解决所有问题的合同，在这种情况下，如何有效约束代理人的行为便成为亟待解决的问题。解决委托代理问题的关键在于委托人是否能够构建科学而精良的制度，在多元利益主体之间确立激励与约束机制，解决权力之间的制衡与协调问题。

3. 公民社会的出现和第三部门的兴起

公民社会的雏形可以追溯到希腊城邦社会时期，全体公民都要出席公民大会而且每一位公民都具有选举权，这是对个体权利的一种认可和尊重，只有每个个体的权益都受到重视与维护，才有可能孕育出公民社会所具备的客观条件。历史的车轮已经驶入21世纪，社会的发展与进步对人们思想观念的转变产生了极为深刻的影响。政府与社会各自所具有的权利始终是在不断博弈与制衡之中。随着市场经济的深入发展，个人权益制度逐步确立，社会分工不断细化，新的社会阶层不断涌现，公民的主体意识也随之增强，这也在无形中增强了整个社会的自我约束和自觉管理的能力。当人们看到政府和市场调节都具有不完备性的时候，人们开始拓宽视野去寻求一股新的力量来参与社会公共事务的管理，而这股新的力量即是政府和市场之外的一些被称为"第三部门"的非营利性的社会组织或非政府组织。第三部门是独立于政府和市场之外的一股中间力量，它在某种程度上具有一定的公益性、自组织性和独立性的特点，第三部门的出现使社会公共事务管理领域出现了各利益主体共同参与的制衡体系，突破了原有的"政府—市场"两极结构模式而建立起了"政府—市场—社会"三位一体的多元结构模式。

（二）治理理论的内涵及特征

"治理"（governance）一词的拉丁语词源是"gubemare"，意思是指"统治""掌舵"。全球治理委员会对于治理的理解是：治理是各种公共的或私人的个人和机构管理其公共事物的诸多方式的总和。它是使相互冲突的或不同的利益得以调和并且采取联合行动的持续的过程。它既包括有权迫使人们服从的正式制度和规则，也包括各种人们同意或以为符合其利益的非正式的制度安排。罗茨认为："治理意味着统治的含义有了变化，意味着一种新的统治过程，意味着有序统治的条件已经不同于以前，或是以新的方法来统治社会。"治理理论的创始人之一詹姆斯·罗西瑙（J. N. Rosenau）在《没有政府的治理》中强调："治理就是这样一种规则体系：它依赖主体间重要性

的程度不亚于对正式颁布的宪法和宪章的依赖。更明确地说，治理是只有大多数人接受才会生效的规则体系。"基于以上分析，我们认为："治理"是在化解冲突和矛盾的过程中，为满足和协调多元利益主体，以各种制度为保障，在权力的相互博弈和制衡中来规范和疏导各利益主体行为的一种持续性过程。"治理主要通过合作、协商、伙伴关系，确立认同和共同的目标等方式实施对公共事务的管理。"需要指出的是，治理与管理、行政和统治相比有自身的特殊性。"管理"（management）是伴随着人类群体行为的产生而产生的，由于对管理的定位不同，也就难以得出相对趋同的定义。通常认为："管理"就是管理者在一定环境和条件下，运用计划、组织、领导、控制和协调等职能对组织资源进行优化配置，以实现组织目标的活动。管理意在强调为获取某种结果而采取执行和操控。"行政"（administration）一词的出现晚于管理，人类社会有了国家之后才出现所谓的行政。《牛津词典》对于"行政"一词的解释为："一种行政执行行为，即对各种事物进行管理或对执行、运用或处理进行指导或监督。"行政是一种偏重于服务和监督的程序性和执行性活动。"统治"（rule）带有较浓重的政治色彩，其所蕴含的要义是，作为统治权威部门的政府，其职能在社会生活的每一个角落的渗透以及对于社会公共事务管理的某种强制性和排他性。统治的物质基础是制度，心理基础是服从。统治的主体是单中心的，而治理的主体是多中心的；统治的权力向度是由上而下的，治理则多为上下互动的过程。由此看来，无论是在权力的来源还是权力的行使方式等方面，治理都具有区别于管理、行政和统治的本质特征。按照全球治理委员会在 1995 年的一份题为《我们的全球伙伴关系》的报告所指出的，治理具有以下四种特征：治理不是一整套规则，也不是一种活动，而是一个过程；治理过程的基础不是控制，而是协调；治理既涉及公共部门，也包括私人部门；治理不是一种正式制度，而是持续的互动。

（三）治理理论的启发

治理理论产生于西方，它与西方社会的历史环境之间有着密不可分的联系。这里我们不是要搬用治理理论，因为那涉及在我国的应用是否具备条件的问题，而只是结合我国的实际来汲取其中的有益思想。

1. **治理的载体超越了政府机构，而将其他社会公共组织或私人机构也囊括其中**

目前，中国高职院校管理体制存在的一个根本性问题就是权力结构失衡问题，要消解这一负面效应，治理理论为我们提出了新的理念与方法。有关治理的讨论多源于对政府与市场以及与公民社会关系的界定，治理理论主张政府不应该垄断所有权力，其多中心管理思想对在社会公共事务管理中政府是唯一权力中心的角色提出了挑战。但它对政府的权威并非是简单的颠覆，而是促使政府角色重新定位的催化剂，是肯定基础上的扬弃。简言之，治理并不否认一个高效廉洁的政府在社会发展中的重要作用。但它同时也强调：治理虽然需要权威，不过这种权威却已不再仅仅来源于政府。治理所波及的范围要更加宽泛些，只要其行为得到社会公众的认可便可以成为权威的主体。即在治理的语境中政府在实现社会公共利益过程中起到了作用但却已不再是决定性的作用，它更多扮演的是平衡协调的角色。

治理作为一种横向的协调模式其行为主体具有多元性的特点，其行为方式强调多元利益主体共享权力。就大学而言，则体现为决策机构、执行机构以及监督反馈机构的相互制衡。以政府作为单一的管理主体容易引发政府权力的绝对化，抑制公立高职院校发展的个性与活力；而只靠市场进行调节，也会陷入无政府状态，致使矛盾与纷争不断，引发各种不正当利益诉求的滋生，其结果不仅影响大学的发展，也破坏了教育的公益性与公平性。多元是一种历史和现实的进步，多元的利益格局最终必将进入参与、谈判和协商的轨道，而这也正是治理的要义之一。

2. 治理的前提是利益主体的多元化、主体利益的独立化，目标是利益协调的制度化

治理作为摆脱非政府即市场这种两极选择模式的第三种理性选择，其存在的现实理由就是坚持多元对话。治理区别于一般管理的重要特点在于治理更注重权力的来源问题，治理预示着权力与责任的重新定位与分配，意味着某种权力的回归。而这一切都得益于治理理论是从多元的社会现实出发的这一特点。现代国家在面对政府与市场失灵的问题时，逐渐开始将政府的权力和责任转交给社会公众，治理强调在公共事务的管理中政府与其他多元利益主体的共同参与、合作，这是符合当前市场经济体制的内在要求的。因为市场经济向纵深发展的一个根本特征就是对人的独立性和主体性的渴求、对人的利益诉求的认可和推动以及对利益协调的有效保障。而制度化的合作机制将更有利于增进利益，减少矛盾和冲突。

3. 治理所倚重的是各相关组织或机构之间在共同处理特定领域的事务时要遵循共同建立的制度

任何一个组织都需要一种制度体系来协调各方面的关系，以降低利益冲突所造成的损失，从而调动各个方面的积极性。治理理论在廓清了政府角色的同时，将重点放在了协调政府与其他社会利益主体关系的制度选择上，也就是如何在政府与社会利益主体之间建立起相互依存与制衡的治理系统。只要存在多元利益主体共同参与，冲突与摩擦就难以避免，那么，构建一种能

够起到保障和规约作用的制度体系就显得十分必要，否则，不仅利益得不到保障，还可能会影响到利益系统本身的平衡。也就是说，治理其实是一种相互依存下的联合管理，无论是政府、市场还是治理，其权力、职能和行为等都要受到法律和制度的限制，受到多元利益主体的监督和制约。

综上所述，治理实际上也是一种制度安排，目的在于使多元利益主体在权力、责任和利益上实现制衡，进而有效地彰显大学的公平与效率。现今，我们已经深刻地感受到治理理论为我们描绘出了一个全新的、充满机遇与挑战的发展蓝图。它向我们昭示着在利益主体多元化格局形成的今天，各利益主体之间需要相互依赖、相互协调、相互制衡，并在共同愿景的指引下，不断实现物力和人力资源的优化配置，以实现其自身利益的最大化。

（四）中国公立高职院校治理的特殊性

中国目前正处于由政府管制的计划经济向由竞争机制来操控的市场经济的转轨阶段，公立高职院校多元利益主体格局已经形成。面对协调政府、以教师为代表的教职工群体、以书记和校（院）长为代表的校（院）级管理者群体、学生群体和合作办学者这个现实主题，人们将目光投向了新的利益保障和协调方式——大学治理。借鉴治理理论的合理因素，构建我国现代大学制度的关键在于责、权、利在各利益主体之间的重新配置与协调。治理中的"治"是指在公立高职院校多元利益主体之间建立相应的制度，对权、责、利加以约束和保障；而所谓的"理"就是要理顺公立高职院校多元利益主体之间的关系，以减少不必要的纷争与内耗。简言之，中国公立高职院校治理要讲究刚柔相济，既要治也要理。公立高职院校作为一种非营利性的教育组织，由于在教学、科研和社会服务等方面具有自身独特的价值，对于治理理论的借鉴也应该有所侧重。

1. **中国公立高职院校的公益性**

公立高职院校的存在和发展关涉到多方面的利益，国家和地方政府举办公立高职院校的目的不是为了从事民事活动或营利，而是为公众提供高等教育服务，不以利润为目的是现代大学制度的重要特征。首先，我国《教育法》明确规定，教育活动必须符合国家和社会的公共利益，任何组织和个人不得以营利为目的举办学校及其他教育机构。《教育法》的这一规定，为中国公立高职院校的公益性奠定了法律基础。其次，我国《高等教育法》进一步规定，高等教育必须贯彻国家的教育方针，为社会主义现代化建设服务，与生产劳动相结合，高等教育的培养目标是使受教育者成为德、智、体、美等方面全面发展的社会主义事业的建设者和接班人。高等教育的任务是培养具有创新精神和实践能力的高级专业人才，发展科学技术文化，促进社会主义现代化建设。国家根据经济建设和社会发展的需要，制定高等教育发展规划，举办高等学校。上述教育法律对高等教育方针、高等教育培养目标和高等教育任务的规定，从法律上明确规定了中国公立高职院校组织的公益性质。公立高职院校的这种组织特性要求公立高职院校的一切办学行为、大学制度的构建，都必须以社会公共利益为出发点。要把为社会服务、为当地社会公共事业的发展服务作为自己的首要目标和基本任务。

非营利并不代表这个组织不能有利润，而是这种利润不能被组织的所有人分配，只能用于与组织目标相关的事务中。然而，市场经济体制下中国公立高职院校多元利益主体的生成，使得各投资主体投入到高校的资本无法从根本上摆脱资本寻利性的驱动，也就是说资本的运作需要借助市场机制和竞争机制来实现以效率为目标的资源配置，那么，在这种情况下就很难照顾到教育对于公平的追求，当然也就会冲击中国公立高职院校作为公益法人所应当体现的公益属性。尽管挑战是不可避免的，但中国公立高职院校法人的公益性这一根本性质不应发生质的改变，发生改变的也许只会是能够有效整合与协调中国公立高职院校多元利益主体的大学制度。因此，从根本上讲，中国公立高职院校的治理不同于一般的公司治理，它要遵循教育对于公平的渴求，应当符合国家的利益和社会公共利益。具体讲，就是要将各利益主体纳入到学校的管理结构中来，使他们能够各得其所、各尽所能，在实现自身利益诉求的同时，为实现公共利益最大化服务。这是一个非常具有挑战性、需要高超的治理艺术加以解决的问题。

2. 中国公立高职院校的委托代理问题具有其自身的特殊性

事实上，随着社会经济结构的多元化以及公立高职院校管理事务的日益复杂化，政府已经没有能力包揽公立高职院校中的各项事务。同样，公立高职院校的管理工作也迫切需要具有不同技能、不同职能的个体和部门的相互协作。这样公立高职院校的管理就必然会存在委托—代理关系，那么也就自然会产生委托代理问题。

首先，公立高职院校由政府负责举办，同时向社会提供所需要的教育服务，因此其委托人和代理人之间具有很复杂、特殊的关系，这种关系不同于企业中的委托代理关系。在公立高职院校的委托代理链上，委托人与代理人的角色并不是固定的，而是可以相互转换的。在现实的公立高职院校管理系统中，书记、校（院）长这些公立高职院校高层管理者并不是公立高职院校利益的直接享有者，作为代理人他们通常都是受政府部门的委派和任命来管理公立高职院校的，其职位晋升与工资水平主要由政府部门来决定，而与公立高职院校的运营和管理状况有时并没有直接和必然的联系。通常情况下，他们并不需要对公立高职院校的财政运营状况负直接责任，这在现实的治理

活动中很容易造成责、权、利模糊和激励约束不足以及管理积极性和主动性差等问题的产生。

其次，相对冗长的公立高职院校委托—代理链增加了委托—代理的成本。公立高职院校作为公益性的事业单位，其委托代理的目的除了要追求正当的经济利益外，还要保证教育的公平性与社会稳定性的目标的实现。同时，公立高职院校是研究高深学问的专门机构，其产品是通过学生的知识和技能来体现的，而这些产品本身却具有某些不可量化的特点，这样就更无法准确衡量委托—代理行为的效率和效果。同时，广大高校教师作为公立高职院校内的代理人群体，其特有的专业背景和劳动特性决定了对其代理行为进行有效的监督是非常困难的，其成本也是相对较高的。面对教育这一公益性事业，最初的委托人具有一定的虚拟性，也就是说，社会全体公民通过有效的程序将自身的权力委托给政府，政府作为社会公众权力的代表委托公立高职院校的高层管理者对公立高职院校实施领导与管理。但是，这种初始委托人作为一个利益主体，不仅其身份具有虚拟性，而且委托效果也并不明显，毕竟，公众在委托政府后并没有能力对其行为进行有效的约束。

3. 中国公立高职院校多元利益主体角色的多重性

公立高职院校多元利益主体的角色具有多重性，这也是公立高职院校管理的特殊性所在。

首先，就以书记、校（院）长为代表的校（院）级管理者群体而言。一方面，他们是政府在公立高职院校的代理人，其职务多由政府任命，这种缺乏充分竞争的代理人选择行为的最终结果，是使公立高职院校的经营和管理充分体现政府的权威与意愿；另一方面，书记、校（院）长这些公立高职院校的管理者又是学校切实的领导者和管理者，他们同样要站在有利于高校自身利益的角度来实施领导和管理。然而问题却是，由于利益诉求的差异，政府与高校的目标选择并不总是一致的，那么，在公立高职院校的管理过程中就很容易造成公立高职院校管理者的两难选择。

其次，就公立高职院校的学生群体而言，已经被广泛认可的一种观点认为，学生是高等教育的消费者，他们在向学校缴纳学费的同时，有权力要求学校为其提供应有的教育服务。随着社会经济结构以及利益结构的变化，随着多元利益主体格局在中国公立高职院校的形成，人们越来越多地意识到学生群体已经不仅仅是教育的消费者，他们也是教育的投资者，因为公立高职院校自身的发展状况会直接影响到学生群体的切身利益。例如，高校的学科以及专业设置的科学性、高校的教学质量和高校在社会中的声誉都会对学生的学习和就业产生较为直接的影响，因此，学生群体作为投资者，在享受教育服务的同时，对高校发展的相关事务应该拥有发言权。但是，学生在高校又是受教育者，知识与经验的局限又使他们在学校工作中的地位与作用受到淡化。尤其是当学生的个人利益与公立高职院校的集体利益、学生学习就业的当前利益与公立高职院校未来发展的长远利益之间不完全一致时，如何选择就更为复杂。

最后，政府的角色也是很复杂的。一方面，作为社会公众利益的代言人，政府有义务强调和保证教育的公益性和公平性，并凭借其特有的权威从总体上把握教育的发展方向。但是，另一方面，政府作为利益主体的一方同样有自身的利益诉求，而且，由于其自身的权威性，如果约束不力，就很容易造成政府代理职能偏差的产生，在实际上冲击其他主体的利益。

综上所述，如何协调中国公立高职院校多元利益主体多重角色的冲突，是摆在我们面前的一个非常复杂的现实性问题。现代大学制度应该很好地解决这些问题。

三、法人治理理论

（一）法人制度

法人制度是世界各国规范经济秩序以及整个社会秩序的一项重要法律制度。1896年颁布的德国民法典首次以法律形式规定了系统、完整的法人制度，其他大陆法系国家民法典纷纷效仿德国民法典，英美法系国家通过制定单行的法律和条例建立法人制度。

我国建立法人制度相对较晚。新中国成立以后，在计划经济体制下，整个社会经济秩序依靠行政手段和指令性计划来维持，缺乏法人制度存在和发挥作用的社会环境。直到1986年颁布的《民法通则》对法人做了专章规定以后，我国才开始建立法人制度。根据法人的设立宗旨和活动性质，我国法人分为企业法人、国家机关法人、事业单位法人和社会团体法人。随着我国经济体制改革的不断深入，民营经济得到快速发展，新型经济组织大量涌现。民办的从事营利性生产经营活动的社会组织被称为"民营企业"，同国有企业一样由工商行政管理部门进行登记管理，并纳入了企业法人管理体系；然而，民办的从事非营利性社会服务活动的社会组织属于哪一类法人？2002年12月23日在第九届全国人民代表大会常务委员会第三十一次会议上，新中国的第一部民法典《中华人民共和国民法（草案）》首次提请最高国家立法机关审议，提出"将法人分为企业法人，机关、事业单位和社会团体法人"。由此，我国的大学也依法建立了法人制度。

法人是具有民事权利能力和民事行为能力，依法独立享有民事权利和承担民事义务的组织。简言之，法人是具有民事权利主体资格的社会组织。法

人作为民事法律关系的主体,是与自然人相对称的,两者有不同的特点:

第一,法人是社会组织在法律上的人格化,是法律意义上的"人"。自然人是基于自然规律出生、生存的人,具有一国国籍的自然人称为该国的公民。自然人的生老病死依自然规律进行,具有自然属性,而法人具有社会属性。

第二,虽然法人、自然人都是民事主体,但法人是集合的民事主体,即法人是一些自然人的集合体。自然人则是以个人本身作为民事主体的。

第三,法人的民事权利能力、民事行为能力与自然人也有所不同。根据《民法通则》第37条规定,法人必须同时具备四个条件:一是依法成立。即法人必须是经国家认可的社会组织。在我国,成立法人主要有两种方式:(1)根据法律法规或行政审批而成立。如机关法人一般都是由法律法规或行政审批而成立的。(2)经过核准登记而成立。如工商企业、公司等经工商行政管理部门核准登记后,成为企业法人。二是有必要的财产和经费。法人必须拥有独立的财产,作为其独立参加民事活动的物质基础。独立的财产,是指法人对特定范围内的财产享有所有权或经营管理权,能够按照自己的意志独立支配,同时排斥外界对法人财产的行政干预。三是有自己的名称、组织机构和场所。法人的名称是其区别于其他社会组织的标志符号。名称应当能够表现出法人活动的对象及隶属关系。经过登记的名称,法人享有专用权。法人的组织机构即办理法人一切事务的组织,被称作法人的机关,由自然人组成。法人的场所是指从事生产经营或社会活动的固定地点。法人的主要办事机构所在地为法人的住所。四是能够独立承担民事责任。法人对自己的民事行为所产生的法律后果承担全部法律责任。

(二)企业法人治理

1. 组织机构的权力分配

法人组织是由众多投资者共同投资形成的法人实体。资本构成的多元化、规模的扩大化、业务的复杂化、特别是股票转让的自由化所导致的股东的流动,决定了法人的组织管理形式不能再像古典企业那样由投资者直接进行管理,这样既不现实,也不经济。于是,在企业内部逐渐形成了以分权制衡为特征的法人治理结构。

分权是指以出资人所有权在企业中转换为股权和企业法人权力为基础,将古典企业内集中于出资人的权力划分为决策权、执行权和监督权,由股东会、董事会、监事会三机关各自独立行使企业法规定的职权,互不干预。股东会是由企业全体股东组成的企业最高权力机关,股东通过其表决权,行使对企业重大事项的决定权。但股东会只能就法定事项形成决议,不能对外代表公司，亦不能对内执行管理事务。董事会为组织机构的经营决策机构和执行机构，成员由股东大会选举产生。其主要职能是负责召集股东会，执行股东会决议，聘任或解聘企业经理等。监事会为企业经营活动的监督机构。

2. 组织机构的权力制衡

在合理界定企业各机关职权的基础上，明确任何一方的权力都不是不受约束的，而只是公司内部整体权力的一部分，任何一方都既是发挥制约作用的机关，又是受制约的机关，从而有效防止一方权力的滥用和利益的非法扩张，保证各方利益的平衡。

股东作为组织机构的出资者，掌握组织机构的最终控制权。他们可以通过股东会按照一定的方式决定董事会和监事会的人选及其报酬。在委托授权之后，股东不能随意干预董事会和监事会的活动，而只能通过法定程序行使对董事会和监事会的权力。董事会负责公司的经营管理，拥有支配公司法人财产的权力。但是董事会必须对股东会负责，并受股东会决策的制约。同时，董事会的行为也受到来自监事会的制约。监事会有权对董事会和经理人员的活动进行监督，但是监事会无权代替董事会进行决策，不能干预公司正常的经营管理活动。监事会要对股东会负责并报告工作。

3. 股东会与董事会之间是一种信任和委托关系

在法人治理结构中，董事会是股东的受托人，承担受托责任，这种关系是一种受信任而委托的关系。一旦董事会受托来经营管理公司，就成为公司的法定代表。股东既然把公司交给董事会托管，就不能再去干预公司的管理事务。

4. 董事会与经理之间是一种委托代理管理财产的关系

经理人员作为董事会的意志代表人，拥有对公司内部事务的管理权和代理权。企业经理人员是一种有偿委托的雇佣，经理人员有义务和责任依法经营好公司的事务，董事会有权对经理人员的经营业绩进行监督，并据此对经理人员进行奖励或解聘。董事长是托管人，总经理是受托人。

5. 股东会、董事会和经理之间存在一种相互制约关系

股东会是公司的最高权力机构，掌握着对公司的最终控制权。股东可以决定董事会的人选，拥有推选或不推选直至起诉董事的权力，股东大会对不称职的董事可以解除其职务，并有权否决董事会的决议或改选董事会。但是，一旦授权董事会负责管理公司后，任何单个股东不能随意干预公司的日常经营事务，经理人员的经营绩效也受董事会的监督和评判。

(三) 我国的大学法人制度

法人制度是大学治理结构的基础理论，大学也只有实行了法人制度，才

有可能进行治理结构的调整。我国正式提出高等学校法人问题是在1992年。当年颁布的国家教委《关于直属高校内部管理体制改革的若干意见》首次提出"国家教委直属高校是由国家教委直接管理的教育实体,具有法人地位",同年发布的国家教委《关于直属高校深化改革、扩大办学自主权的若干意见》再次强调要"逐步确立高等学校的法人地位"。

1993年颁布的《中国教育改革和发展纲要》正式提出要"使高等学校真正成为面向社会自主办学的法人实体",高等学校的法人地位问题才被普遍关注。1995年《中华人民共和国教育法》颁布实施,其中第31条规定:"学校及其他教育机构具备法人条件的,自批准设立或者登记注册之日起取得法人资格。"首次在法律上明确了各级各类学校的"法人"资格。1998年颁布的《中华人民共和国高等教育法》第30条规定:"高等学校自批准设立之日起取得法人资格。高等学校的校长为高等学校的法定代表人。高等学校在民事活动中依法享有民事权利,承担民事责任。"这是对高等学校法人地位的再次确认。

2002年颁布的《中华人民共和国民办教育促进法》第9条规定:"民办学校应当具备法人条件。"第35条规定:"民办学校对举办者投入民办学校的资产、国有资产、受赠的财产以及办学积累,享有法人财产权。"确立了各级各类民办学校的法人地位。2010年颁布的《国家中长期教育改革和发展规划纲要(2010—2020年)》第38条规定:"推进政校分开、管办分离。适应中国国情和时代要求,建设依法办学、自主管理、民主监督、社会参与的现代学校制度,构建政府、学校、社会之间新型关系。"第40条规定:"完善中国特色现代大学制度。完善治理结构。公办高等学校要坚持和完善党委领导下的校长负责制。健全议事规则与决策程序,依法落实党委、校长职权。完善大学校长选拔任用办法。充分发挥学术委员会在学科建设、学术评价、学术发展中的重要作用。探索教授治学的有效途径,充分发挥教授在教学、学术研究和学校管理中的作用。加强教职工代表大会、学生代表大会建设,发挥群众团体的作用。加强章程建设。各类高校应依法制定章程,依照章程规定管理学校。尊重学术自由,营造宽松的学术环境。全面实行聘任制度和岗位管理制度。确立科学的考核评价和激励机制。扩大社会合作。探索建立高等学校理事会或董事会,健全社会支持和监督学校发展的长效机制。探索高等学校与行业、企业密切合作共建的模式,推进高等学校与科研院所、社会团体的资源共享,形成协调合作的有效机制,提高服务经济建设和社会发展的能力。推进高校后勤社会化改革。推进专业评价。鼓励专门机构和社会中介机构对高校学科、专业、课程等水平和质量进行评估。建立科学、规范的评估制度。探索与国际高水平教育评价机构合作,形成中国特色学校评价模式。建立高等学校质量年度报告发布制度。"这些规定为进一步推进大学法人治理提供了依据,指明了方向。

四、利益相关者理论

(一)利益相关者概念

自1963年美国斯坦福大学一个研究小组首次定义利益相关者以来,迄今经济学家已提出了近30种定义,可以分为以下三类:

第一类是最宽泛的定义,即凡是能影响企业活动或被企业活动所影响的人或团体都是利益相关者,包括股东、债权人、雇员、供应商、消费者、政府部门、相关的社会组织和社会团体、周边的社会成员等。

第二类是稍窄的定义,即与企业有直接关系的人或团体才是企业的利益相关者,排除了政府部门、社会组织以及社会团体、社会成员等。

第三类定义最窄,认为只有在企业中下了"赌注"的人或团体才是利益相关者。这个定义直接与主流经济学中的"资产专用性"概念相通,即凡是在企业中投入了专用性资产的人或团体才是利益相关者。

可以用"潜在的利益相关者"和"真实的利益相关者"两分法把三种定义协调起来,凡是符合第一类定义的都是潜在的利益相关者,只有当潜在的利益相关者向企业投入专用性资产时,才转化为真实的利益相关者。

(二)利益相关者理论的形成

利益相关者理论的思想由来已久。20世纪中叶以来,知识经济引领社会发生巨大变革,对公司治理理论形成了巨大的冲击,直接促成了利益相关者理论的产生。1929年,美国通用电气公司的一位经理曾在一次演讲中提到,不仅股东,而且雇员、顾客和广大公众都在公司中有一种利益,因此公司的经理人员有义务保护他们的利益。1984年,弗里曼出版了《战略管理:利益相关者管理的分析方法》一书,明确提出了利益相关者管理理论。

20世纪90年代以来,各国和国际组织对各利益相关者利益开始予以普遍重视。1990年,美国商业圆桌会议发布的《公司治理声明》指出,对公司而言,善待员工、优质服务于消费者、鼓励供应商长期合作、偿还债务并拥有良好的社会责任声誉都是股东长期利益所在。此后,英国、韩国、日本、德国等国家的公司治理原则也对各利益相关者利益有着不同程度的关注,"股东至上"理论受到了极大的挑战。

（三）利益相关者理论的主要观点

利益相关者理论是指企业的经营管理者为综合平衡各个利益相关者的利益要求而进行的管理活动。与传统的"股东至上主义"相比较，该理论认为任何一个公司的发展都离不开各利益相关者的投入或参与，企业追求的是利益相关者的整体利益，而不仅仅是某些主体的利益。这些利益相关者包括企业的股东、债权人、雇员、消费者、供应商等交易伙伴，也包括政府部门、本地居民、本地社区、媒体、环保主义者等压力集团，甚至包括自然环境、人类后代等受到企业经营活动直接或间接影响的客体。这些利益相关者与企业的生存和发展密切相关，他们有的分担了企业的经营风险，有的为企业的经营活动付出了代价，有的对企业进行监督和制约，企业的经营决策必须要考虑他们的利益或接受他们的约束。企业的生存和发展依赖于企业对各利益相关者要求回应的质量，而不仅仅取决于股东。

利益相关者理论是高职院校治理结构的重要理论基础。高职院校作为一个法人组织，存在政府、企业、家长、学生等诸多利益相关者，他们通过对大学的举办、投资，直接或者间接对大学产生影响，同时，也对高职院校存在利益诉求，因此，合理运用利益相关者理论来对高职院校的利益相关者进行分析并找到他们的核心利益诉求，是进行高职院校治理结构研究的重点。

五、委托代理理论

（一）委托代理理论的产生

20世纪30年代，美国经济学家伯利和米恩斯因为洞悉企业所有者兼具经营者的做法存在着极大的弊端，于是提出"委托代理关系"的观点。委托代理关系起源于"专业化"的存在，当存在"专业化"时就可能出现一种关系，在这种关系中，代理人由于相对优势而代表委托人行动。委托代理理论是建立在非对称信息博弈论的基础上的，是制度经济学契约理论的主要内容之一，主要研究的委托代理关系是指一个或多个行为主体根据一种明示或隐含的契约，指定、雇佣另一些行为主体为其服务，同时授予后者一定的决策权力，并根据后者提供的服务数量和质量对其支付相应的报酬，授权者就是委托人，被授权者就是代理人。理论研究的中心任务是研究在利益相冲突和信息不对称的环境下，委托人如何设计最优契约激励代理人。

20世纪60年代末70年代初，一些经济学家深入研究企业内部信息不对称和激励问题时，"委托代理理论"得到了很好的发展，是契约理论最重要的发展之一。委托代理理论倡导所有权和经营权分离，企业所有者保留剩余索取权，而将经营权力让渡。"委托代理理论"是现代公司法人治理的逻辑起点。

（二）委托代理理论的主要观点

委托代理理论认为委托代理关系是随着生产力大发展和规模化大生产的出现而产生的。其原因一方面是生产力发展使得分工进一步细化，权力的所有者由于知识、能力和精力的原因不能行使所有的权力；另一方面，专业化分工产生了一大批具有专业知识的代理人，他们有精力、有能力代理行使好被委托的权力。但在委托代理的关系当中，由于委托人与代理人的效用函数不一样，委托人追求的是自己的财富更大化，而代理人追求自己的工资津贴收入、奢侈消费和闲暇时间最大化，这必然导致两者的利益冲突。在没有有效的制度安排下，代理人的行为很可能最终损害委托人的利益。

由于委托代理关系在社会中普遍存在，因此委托代理理论被用于解决各种问题。如国有企业中，国家与国企经理、国企经理与雇员、国企所有者与注册会计师，公司股东与经理，选民与官员，医生与病人，债权人与债务人都是委托代理关系。因此，寻求激励的影响因素，设计最优的激励机制，将会越来越广泛地被应用于社会生活的方方面面。大学是一个重要的社会组织，具有委托代理关系。如何激励大学校长办好人民的大学，校长如何激励员工更好地为学校工作，都是值得研究的问题。

委托代理理论是治理理论的重要基础。大学是政府和社会举办的大学，但政府和社会不可能直接来管理大学，因此，世界各国基本都是采用委托代理模式。在我国现代大学制度建设中，委托代理制度无疑是解决学校与政府关系的主要形式。2010年颁布的《国家中长期教育改革和发展规划纲要（2010—2020年）》第38条规定要"推进政校分开、管办分离。适应中国国情和时代要求，建设依法办学、自主管理、民主监督、社会参与的现代学校制度，构建政府、学校、社会之间新型关系。适应国家行政管理体制改革要求，明确政府管理权限和职责，明确各级各类学校办学权利和责任"。这正是体现了委托代理理论的精神。

第三节 高职院校内部治理法治化的社会基础

一、高职院校治理法治化的政治基础

（一）依法治国战略

中国社会处在社会转型时期，治国方略的选择是国家最重大的决策。1999年《宪法》修正案确立"依法治国"方略后，高等学校当然不可能成为一个不受法治管辖的"独立王国"。因为法治的基本要求乃是社会成员，任何社会组织都必须遵守法律、法规。在法治意义上，高职院校治理现代化自然是有条件的，那就是遵守法律、法规。正如孟德斯鸠所说，"自由是做法律所许可的一切事情的权利；如果一个公民能够做法律所禁止的事情，他就不再有自由了，因为其他的人也同样会有这个权利"。法治当然也能够以肯定的、积极的方式尊重和保障高职院校治理。这种尊重和保障的标准只能是大学的职能，充分实现高等学校职能乃至高职院校治理的终极目标。在高等学校作为一个"管理者"时，其自主权应以遵守法律为前提，因为这时的高等学校实际是在行使某种公共权力，而公共权力之行使必须受到法律约束。学生对高等学校"管理者"行使权力的挑战，以及法院做出的回应，在某种意义上可以被视为法治的某种成效。

（二）高等教育体制改革的目标

体制是关于国家机关、企业、事业单位的机构设置、隶属关系和权限划分等方面的体系和制度的总称。高等教育体制是指一个国家高等教育的管理制度和管理方式，包括高等教育各部分的组织管理形式、管理权限划分、管理机构设置及决策控制和调节方式。涉及中央与地方、政府与大学、大学与社会等主体之间的关系。

众所周知，我国高等教育管理体制的主要弊端是权力过分集中于政府教育行政管理部门手中，高等学校缺乏面向社会自主办学的活力。核心是高等教育行政部门集举办权、管理权、办学权于一身。为使高等学校适应市场经济体制建设的需要，提高面向市场办学的活力，《中国教育改革和发展纲要》特别强调："进行高等教育体制改革，主要是解决政府与高等学校、中央与地方、国家教委与中央各业务部门之间的关系，逐步建立政府宏观管理、学校面向社会自主办学的体制。"1997年《国家教委关于转变职能加强宏观管理扩大直属高等学校办学自主权的若干意见》进一步明确指出："为适应新形势的要求，需进一步理顺国家教委和直属高等学校之间的关系，明确双方的职责、权利和义务，逐步建立政府宏观管理、社会积极参与学校自主办学相结合的运行机制。"说明我国高等教育体制改革的核心是扩大和落实高等学校的办学自主权。在《国家中长期教育改革和发展规划纲要（2010—2020年）》中，高等教育体制改革的目标是要建立现代大学制度，其关键词从"转变政府职能"改成了"去行政化"，核心内容就是要落实和扩大高等学校办学自主权。《国家中长期教育改革和发展规划纲要（2010—2020年）》第十三章以"建设现代学校制度"为标题，分别就"推进政校分开、管办分离""落实和扩大学校办学自主权""完善中国特色现代大学制度"等内容，对我国高等教育今后10年的改革发展做了明确指引。就是要"推进政校分开、管办分离""落实并扩大学校办学'自主权'""完善中国特色现代大学制度"。其核心就是为了落实和扩大高等学校的办学自主权，充分发挥高等学校的办学积极性，改变中国大学"千校一面"的现状，使我国的高等学校办出特色，培养更适合我国经济、社会发展需要的创新型人才。

二、高职院校治理法治化的经济基础

（一）高等学校办学投资体制逐渐成熟

《宪法》第19条规定："国家发展社会主义的教育事业，提高全国人民的科学文化水平。国家举办各种学校，普及初等义务教育，发展中等教育、职业教育和高等教育，并且发展学前教育。……国家鼓励集体经济组织、国家企业事业组织和其他社会力量依照法律规定举办各种教育事业。"高等教育事业事关国家的强盛和社会进步以及全人类的前途，备受国家关注。作为公益性事业，国家承担着高等教育的主要经费。为了高等教育事业的进一步发展，国家通过宪法确定了鼓励社会各方面的力量参与高等教育事业的发展。同时，《高等教育法》第54条规定："高等学校的学生应当按照国家规定缴纳学费。家庭经济困难的学生，可以申请补助或者减免学费。"第55、第56条还分别规定了国家设立奖学金、学生勤工助学资金和贷学金的制度，以保证家庭经济困难学生受教育权的实现。说明国家在调整高等学校的办学经费来源时，也考虑了家庭经济困难学生的实际情况。多元的投资体制，当然就会有多元的利益分配机制，建立高等学校法人制度正是为了解决这一重大的理论问题，为高等学校发展提供充足的资金。反过来，通过多元的利益诉求，促进高等学校的多元化，使高等学校办出自己的特色。

（二）高等学校办学经费来源多元化制度已经形成

20世纪80年代以前，我国高等学校办学费用全部由国家财政负担。1985年，《中共中央关于教育体制改革的决定》指出，高等学校"可以在计划外招收少量的自费生，学生应缴纳一定数量的培养费"。根据这一精神，教育部出台《关于普通高等学校收取学杂费和住宿费的规定》，从政策上肯定了高等教育实行成本分担和成本补偿制度，并从当年开始对新的本专科学生收取学杂费和住宿费。从20世纪80年代中期到1992年，中国高等学校招生实际存在着公费生和自费生的"双轨"制度。经过1993—1997年的"并轨"过渡，我国高等教育于1997年开始全面实行收取学费制度。经过几年的高等教育成本补偿实践，从高等学校的收支情况看，学费收入占高等教育事业性支出的比重在逐年上升，学费已经成为绝大多数高等学校最重要的经费来源。"20世纪90年代以来，学校自筹经费占中国高等教育总收入的百分比不断上升，如1995年为30%，1998年上升到36%，2000年已经达到44%；同期政府拨款比例则呈逐渐下降趋势，从1995年的70%下降到1998年的64%，到2000年时仅占56%。"高等学校办学经费来源的变化引起了高等学校与学生法律关系的悄然变化，消费者（家长、学生）已经是在花钱购买教育服务，从高等学校整个教育成本上来计算，至少高等学校学生承担了自己学习所需费用的大部分。高等学校与学生之间的依赖关系已经从学生依赖学校发展到了学校与学生之间的相互依赖。部分高等学校，特别是民办高等学校，其争夺生源的手段已成为一大社会公害，说明高等学校与学生的关系正在走向互动。从纯粹的权力关系变成了相互的权利义务关系，在传统高等学校纯行政管理关系中增加了契约的成分。学生对学校的选择将在更大程度上决定着教师的收入，甚至于学校的生存与发展，高等学校当然要面对学生、家长、企业的需要规划专业、安排教学，提供消费者满意的教育服务。高职院校治理是实现这一转变的必要条件。由于市场经济的逐渐成熟，"现代行政法正经历着理念的重塑，传统的权力行政观念已被突破，契约精神正日益广泛地渗透于其中。随着民主行政、公共行政的确立与发展，行政越来越表现出契约化的趋势，作为'善治'（good governance）的有效行政，应是权力行政与契约行政的综合，相应地，行政法理念表现出契约理念与行政权力理念整合的新形态"。现在大多数高等学校已经实行学分制，本科院校选修课的比例越来越高，教材的"实用性"不断增强，这些做法都是高等学校适应消费者需求做出的回应,是高职院校治理的真正体现。后勤社会化的市场体系也基本形成,教职工聘任制也有利于提高效率、降低办学成本。加之各种捐赠,高等学校办学经费具有了多路径依赖,"当一个社会系统在其行为过程中不再仅仅依赖于某一个环境系统,而同时依赖于多个环境系统,参与多个环境系统发生社会互动关系时,那么整个社会系统就能够在较大程度上支配自己的行为,进而从依赖的关系和情景中解脱出来,获得自身行为的自主权和较大的自由度"。但要注意,教育不完全是经济行为,而且在我国现阶段,高等教育仍是稀缺资源,不是"买方"市场,完全通过自由的市场竞争提高质量是不现实的。

三、高职院校治理法治化的内在需要

(一)高等教育已进入大众化时代

我国高等教育在世纪之初已进入大众化时代,高等教育大众化加强了高等学校与社会的联系,促进了高等学校与社会的融合。高等教育已不是学者的乐园,而是公民生存发展的基本条件。《宪法》第46条第1款规定:"中华人民共和国公民有受教育的权利和义务。"国家本身有义务发展教育事业,最大限度地满足人民对高等教育的需求,同时,"国家鼓励集体经济组织、国家企业事业组织和其他社会力量依照法律规定举办各种教育事业"。高等教育大众化的发展说明,公民的受教育权正由法律上的平等变成现实的平等。高职院校治理权的行使不得侵犯公民对受教育权的享有。

(二)高等教育国际化

国际化是欧洲中世纪大学的一大特征,只不过民族国家的建立人为地使这一特征暂时处于低谷。当今世界经济一体化、政治制度多元化,促进了大学国际化程度的提高。国际教育服务贸易拓展了我国"教育法"的空间,WTO规则体系中有关国际教育贸易的规定也是我国高等学校活动必须遵照的国际法规范。世界贸易组织将国际服务贸易分为11大类,142个项目,教育服务位列其间。知识就是力量,知识就是财富,已经成为现实。教育消费得到了更多人的认可,人们对教育,特别是高等教育的投入日益增多。国际高等教育市场已逐渐形成,参与国际竞争,高等学校必须拥有与国际高等学校接轨的自主权。同时,由于知识无国界、科技无国界、学术无国界,国际交往已成为高等学校提高自身国际学术地位的重要方式。

四、高职院校治理法治化的目的

高职院校治理法治化本身不是目的，而是手段。高职院校治理法治化首先是要解决政府非法干涉高职院校治理的问题。政府是对社会各方面活动进行协调与控制的机构，高等学校是培养高级专门人才、发展科学文化的专门机构。当代高等教育的发展证明，在处理政府与高等学校的关系上，任何走极端的关系模式，都不利于高等教育的健康发展。既不能一味地强调政府管理，而抹杀高等学校的自主权，也不能只单纯强调自主权的自由性，而放弃政府的宏观管理权。正如迪特里希·戈尔德·施米特所指出："一个更具根本性的观点是：教学和科研在成为完全自治的活动中或受到严格监督的时候，它们都会受到损害。"要实现这一目的，必须要通过规范政府管理高等学校的手段，转变政府职能，建立有限政府。"判断有限政府与无限政府的尺度在于一个政府，或者说一个政权在权力、职能、规模上是否受到来自法律的明文限制；是否公开愿意接受社会的监督与制约；政府的权力和规模在越出其法定疆界时，是否得到有效的纠正。"其次，规范政府对高等学校的管理方式，目的是保证高等学校拥有充分的自主权，使高等学校能够按照自身的逻辑发展，促使高等学校内部管理与国家管理制度的协调，形成内部自律机制。最后，实现高职院校治理促进人的发展的根本目的。

第三章 大学章程与高职院校内部治理的关系

第一节 大学章程的性质及特征

加强章程建设、完善治理结构、构建现代大学制度已成为时代赋予中国大学制度改革的重要目标。"……以大学章程为支点,建立现代大学制度、从而撬动整个中国高等教育改革,已经成为教育主管部门从纷纭复杂的头绪中理出的改革新思路。"然而,当制定大学章程成为一定时期内建构现代大学制度的首要任务的同时,必须清楚地认识到大学章程性质的内部性与效力的有限性。正是由于大学章程的内部特性决定着大学章程的作用范围是有限的。在中国特定语境中的大学治理方式改革绝不仅仅是制定和实施大学章程问题。只有在正确把握大学章程概念的基础上准确认知大学章程的效力,从大学章程的有限性出发引入教育行政与司法监督,才能制定出适合我国大学特色和高等教育发展基本规律的大学章程,推动中国高等教育体制的改革和现代大学制度的构建。

一、大学章程的认识误区

要清楚认识大学章程的性质,必须对大学章程有统一、规范的界定。只有统一认识,防止理解上的偏差,才能实现大学章程制定的规范化、法治化、民主化。然而对大学章程的界定存在严重的认识误区。不少学者将大学章程视为大学治理的"宪法",认为是总纲、是基本法、是大学治理的纲领性文件、是学校的办学依据、是界分大学与政府权力的保障,并上升为具有法律的约束力与强制力,成为法官断案的依据。虽然这些关于大学章程的认识与理解对于提升大学章程的地位、推进大学章程的制定有一定积极作用,但是这些认识与理解似乎存在严重的问题,主要表现如下:

（一）误读大学章程的本质含义

"所谓章程是指用书面形式规定的关于一定的组织及其他重要事项的文件。国家机关颁发的章程，是法规的一种，具有法律效力。政党、社会团体制定的章程，是规定本组织内部关系的规范性文件。企业事业单位根据业务需要制定的章程，是具有组织规程或办事条例等性质的规定。"因此，从这个意义上审视，大学章程是大学这一特殊社会组织所制定的协调管理组织内部关系的规范性文件，而不是国家机关制定的具有法律效力的章程。将大学章程视为大学治理之"宪法"，企图通过制定与实施大学章程来实现规范学校与政府间的权力分配并约束政府行为的理想，既与大学章程之本质相违，也与中国现实的管理体制相违，更与教育作为公益事业的发展规律相违，很难实现"去行政化"的理想目标。

有学者借英国社会学家、政治学家麦基弗所言，"任何一个团体，为了进行正常的活动以达到各自的目的，都要有一定的规章制度，约束其成员，这就是团体的法律"，认为："在国家高教行政法制体系内，大学章程是法律、法规之下位法"。其实，这种观点有失妥当，它实际混淆了中西文化观念中对法的理解与认识。西方法律思想体系中的法律更多体现的是民众的合意，是契约精神的客观表现，而在中国现在民众之观念中，法律是国家意志的产物，它是国家实现社会治理的工具。因此，大学章程作为大学内部的规范性文件无论如何也不能和法律相提并论，更不能成为具有法律效力的法的外在表现形式之一。如果大学章程也可以成为法律，那么我国有很多大学，就有很多既已存在的这样的法律，这对中国公众而言无论如何也是不能理解的。更重要的是，如果将以体现大学自治为主要特性的大学章程视为法律，势必会造成大学以自治为名进一步排除司法审查，从而导致因大学章程本身不合法所产生的争议而无从得到法院的最终审判。这是与中国民主法治的社会发展取向严重相违的。在法治的社会中，当纠纷中的当事人在穷尽所有救济程序后，应当赋予其可以通过司法程序来实现定纷止争和权利保障。

（二）混淆大学章程在大学治理中的关系

大学治理方式改革，在当代中国教育体制现实语境下，是一个深刻、复杂、全面而系统的高等教育体制改革问题，而绝非由某一所大学的内部治理所能完成的。因此大学治理方式的改革需要在国家良好的法律、法规指引下进行。制定统一、规范的大学法便成为中国现代大学制度建立的重要前提。各大学只有在大学法的指引下，才能进一步制定适合自己特色的大学章程，协调大学内部各种利益与权力，规范自己的管理行为，实现依法治校、依章治校。因此，在没有系统的规范的法律、法规指引的情况下，企图通过各大学制定特立独行的章程就想实现高等教育体制改革的目标，这是与社会法治进程严重不相适应的。这只能使大学发展更加失范、更加混乱，更难满足社会公益需求。

其实，在我国现行高等教育体制框架内，高等学校发展面临教育行政管理体制和学校内部组织体制两大障碍。教育系统体制性障碍的存在，固然有特定社会历史文化传统的影响，但是现有的教育法律体系本身的缺陷也不容忽视。因此要解决这些体制性障碍和法律体系的缺陷，必须在梳理现行教育法律规范基础上完善与重构学校法律制度，制定统一的、规范的大学法，以规定大学的性质与法律地位、学校的职权和职责、学校的内部运行机制、学校与教师、学校与学生的法律关系、学校的法律责任及争议解决的途径等，明确政府和学校的职权和责任分担，扩大社会对教育事业的参与和监督，确定学校运行和内部组织机构，明确学校法律责任和争议的解决方式。中国高等教育体制改革绝不是大学制定章程就能彻底解决的问题。高等教育体制改革、大学制度改革，绝不能停留在观念上，需要通过法律的完善与重构，冲破制度性障碍，自上而下地推动。这是中国法治进程发展的必然选择。

（三）夸大大学章程的作用

大学章程，是大学制定的内部规范性文件，是大学内部各利益主体博弈后的合意体现。"何况人本身是一个依照目的而活动的东西；他没有一个目的，他什么事都做不出来。"既然大学章程是大学内部各利益主体博弈的合意，则当然只应该对形成合意的各主体具有约束力与强制力。换言之，大学章程只能是在大学内部运行的规范性文件，而且某个大学的章程不能对别的大学的章程形成约束力与强制力，更不能对整个高等教育体制改革起到决定作用。我国高等教育体制改革和现代大学制度建构更应如此。由于教育产业化的推动，出现了相当数量的借公立高校之名成立的所谓灵活运行机制的院校。有的是公办民助、有的是公助民办。这本来是为了解决高等教育的资源短缺问题，反而成了高等教育改革必须厘清的焦点问题。性质多元化的高等学校，由于欠缺制度与法律的有效规范，出现了性质不明、地位不清、职责不明的不正常现象。因此，严格区分大学的性质是制定大学章程的基本前提。只有区分大学的性质后，才能确定章程制定的主体。只有主体明确后，才能分别以不同地位、不同目的在制定章程过程中进行博弈，才可能制定出民主合理的大学章程。而要对大学性质进行规定，绝非大学章程能够做到的或者大学有能力做到的。错综复杂的利益关系和经济纠葛，只有通过法律来进行大胆的梳理，才能有效地予以解决。因此，那种认为制定大学章程是中

国大学治理关键的论调,有着避重就轻之嫌,或许将让某些不正当利益的享有者通过大学章程制定和实施使其获得不正当利益的机制合法化。教育制度与教育权力的腐败应该是导致教育不公的最大危险。

二、大学章程的本质特征

纵观大学发展史,世界各国大学的章程因各国国情、文化传统不一以及学校校情的不同而不同,不仅如此,同一国家不同时期,甚至同一大学不同时期的大学章程均有所差异。其差异不仅体现在名称、内容上,还体现在性质上。但这并不能成为我们在中国现行高等教育改革和现代大学制度建立过程中对大学章程性质认识不统一的理由。现象背后总隐藏着某种深层本质,透过现象,看到特征,提示本质,是厘清大学章程性质的基本路径。

在轰轰烈烈的大学章程制定中,必须准确理解什么是大学章程。只有准确清晰地定位大学章程,才能制定出适用中国大学发展要求的大学章程。然而理论界、实务界以及大学的管理者们似乎没有对大学章程形成一个统一的、清楚的认识。有学者从大学章程在大学其他管理制度的作用出发认为:"大学章程是大学的基本法,是调整学校与社会、学校内部责权关系、人际关系的重要依据,也是该校理念、精神、传统、文化、目标的总概括和总限定,大学章程应该成为该校一切规章制度的母本和基础。"有学者从大学治理的角度出发认为大学"章程不仅是大学办学的权威性、基础性的总纲,而且也是大学的'基本法'"。有学者从大学存在的根基出发认为:"大学章程是大学办学的基本依据。……是基于其他一切规章制度之上、事关大学治理的纲领性文件。"有的学者通过对大学章程与国家法律、法规的联系进行分析后认为:"大学章程是指高等学校的权力机关制定的、上承国家教育基本法律、高等教育法律和高等教育政策,下启高等学校办学活动和内部管理的具有一定法律效力的治校总纲。"也有学者甚至从大学精神与文化去探寻,认为:"现代大学章程是由学校制定的,规定学校日常运行的基本问题和重大事项的规范性文件。作为办学的基本依据,大学章程体现了法律、法规的基本要求,具有重要的法律意义。同时,大学章程体现了办学宗旨与理念,反映了特定的大学精神,是大学文化的制度体现。"

上述观点,不难理解他们总是力图从某个侧面去探讨大学章程,并着重渲染大学章程的功能与作用,却未能有效地真正地给大学章程做个准确的定义。实际上,大学章程是依法由利益相关主体协商一致达成的,约束大学及大学内部各利益群体和成员的,其是由实体与程序相统一的规范性文件。它有如下几个特征:

（一）大学章程的制定依据是法定的

从制定依据看，大学章程是依据国家教育法律而制定的。现代大学承载着科学研究、人才培养和社会服务三大功能。在法治社会中，一切权力都应当受到法律的约束。"时至今日，无论有关'大学自治'理论怎样变异和发展，大学仍然受着社会、政治、经济、文化等综合因素的影响，只是在不同时期所体现的主要功能不同而已。任何高校无论具有多么大的自主权，都不能不受到一定的政府控制，只是不同的国家、不同时期的高校因各自的社会背景不同所享有的自主权的内容和范围不同而已。因此，作为体现大学自治的学术自由，从产生到发展都无所不在'枷锁'之中。大学极力想排除政府、国家和社会的干预，却又不得不接受和暧昧于政府的干预，似乎是大学无奈的合理选择。"在民主法治的社会中，国家对大学的控制与管理更多的是通过国家法律的制定与实施来实现。然而，在我国现行的高教行政法体系内，除去《高等教育法》和《教育法》对大学章程做出简略规定外，只有教育部颁布的于2012年1月1日实施的《高等学校章程制定管理办法》对大学章程的制定做出了较为详细的规定，但该办法作为一部部门规章，其法律位阶太低、效力不强，仅为法院审理案件的参考，而且该办法也未规定和区分我国现行大学的性质，更未设定不制定章程或者章程违法的法律后果。因此，完善大学章程制定依据是大学制度改革的必要前提。在民主法治的社会中"游戏的规则比游戏本身更重要"。

（二）大学章程的制定主体是多元的

从制定主体看，大学章程是与大学设立和运行息息相关的各方利益主体协商一致的结果。大学章程是大学自治管理的基本依据，其主要目的在于平衡大学自治权，而大学自治权的平衡实质就是大学多元主体参与学校管理的机会平等、责任共担和权力共享。由于大学章程设定了大学内部各相关利益主体的权利边界，因而其制定过程必定是各相关利益主体背后的利益博弈、分配和协调过程。因此，大学章程建设的重点不在于制定一部什么样的章程，而在于在章程的制定过程中，相关利益主体是否得到充分的尊重，尤其是学术研究者的"话语权"是否有足够的影响力。只有理顺大学内部利益主体间的关系，才能实现大学章程制定的合理化、正当化、民主化。只有充分尊重利益主体，提升学术研究者"话语权"的影响力，才能有效地防止行政权力对学术权力的侵蚀。然而大学内部利益主体因大学性质的不同而有所不同。区分大学性质，确定利益主体，便成为制定大学章程的重中之重。

纵观中国的大学，从性质上讲可以分为国立、私立和混合机制三类。前

两类性质清晰,从而大学章程制定主体比较清晰也好确定,关键是第三类机制的大学应该成为大学治理的关键。在中国教育产业化和高等教育大众化的过程中,出现了一些所谓灵活办学机制的大学和大学中的独立学院,它们或表现为公办民助或表现为公助民办。这些由于历史原因而产生的混合运行机制的大学在大学章程的制定过程中,一定要秉承公开、公平、公正之原则,厘清各相关的主体及利益关系,严格防止借制定章程进行国家利益的分割,将学校从公有沦为私有而导致国有资产的流失。实际上,分割国家的利益不仅侵害的是国家人民的利益,还侵害的是学校教师的利益。因此有学者认为:高校办学的沉重负担,与高校治理结构的缺失有密切关系。从而"大学章程必须对高校的产权关系及处置方式加以明晰化,以此解决政校不分、政资不分的问题,促使政府及其行政部门更好地履行所有者的资产管理职责,以控制高校财务风险"。

(三)大学章程的效力范围是有限的

从效力范围看,大学章程是约束大学及大学内部各利益群体和成员的规范性文件。如果将大学章程理解为大学相关利益主体博弈的结果,那么这种结果应该体现的效力就是基于合意而对这些利益主体产生的约束力。这种约束力是主体自由意志的必然结果。需要明确的是,在高校学习的学生,因为其流动性,很难成为大学章程的修改者,更不可能成为大学章程的制定者。那么大学章程为什么会对他们具有约束力呢?可以这样认为:大学章程是对学生进行的一种宣誓性的社会承诺。学校应当在遵守国家法律、法规的前提下严格按照大学章程对学生进行管理,实现这种宣誓性承诺。当学校基于自治而对学生实施的管理行为侵害学生权益时,学生可以通过申诉与诉讼来实现自己的权益保障与救济。

大学章程也不可能对社会其他主体和国家政府产生约束力。有学者认为:"大学章程可以约束政府对高等教育的管理和大学的自我管理行为。"这种观点实际上是过分扩大了大学章程的效力,有失偏颇。其一,政府、国家是高校的管理者,负有依法对大学履行管理的职责,并对国立大学还要履行出资人的职责。这些职责不是基于大学章程而产生的,而是基于大学章程效力之上的大学法而产生的。其二,大学章程,作为校内的总纲领,是"大学精神的集中体现和大学行为的总规范,实际上是法的治理模式、法的精神和法律条规在一所大学的进一步延伸和具体化、个性化"。国家与政府是大学的管理者,自在地享有管理权,社会是大学的监督者,自在地享有监督权。只有有效的管理、有力的监督才能保证大学公益目的的实现。因此通过大学法的制定来界分公立高校权利与政府权力的分配,是比较行之有效的方法。

公立大学的大学章程应该认真贯彻执行和实现大学法。

（四）大学章程的规范性质具有统一性

从规范性质看，大学章程既是实体性规范，也是程序性规范，是实体性规范与程序性规范的统一体。但这种"程序"并非一般意义上的程序，它是以"正当程序"为精神并渗透于实体组织、权利与权力运行的"程序性"规范。程序正义既是行政法治的基本要求，也是大学治理民主法治化的重要体现。大学章程在以实体规范界分各主体之间权利与义务、确认内部管理组织规则的同时，亦应通过建立公平正义的运行机制来实现实体权利、义务，以体现"正当程序"之基本精神。例如，大学章程的制定与修改程序、重大事项的决策程序、日常事务的处理程序、权利实现的救济程序等。如果大学章程对内部成员要具有约束力，则只有通过正当程序来制定和实施章程才能获得大学内部成员的普遍服从，从而实现大学章程的权威性与自觉性的统一。

如果大学管理中的重大决策要更具民主科学性，则大学只能建立调查、规划、论证、听证、咨询协商、审核审批、公布等正当的行政决策程序，方能减少大学重大决策的盲目性和主观随意性，提高大学管理的效率。如果日常事务处理是与学校师生员工利益息息相关的行为，则只有建构从听证到告知、从公开到公平、从规章到运行等一系列的体现程序正义之灵魂的事务处理程序，才能有效地维护与保障师生员工的权益。如果从实现大学自治与权利保障之平衡出发，建立校内申诉制度，以保障大学师生员工的申诉权，方能有效地化解管理者与被管理者、教育者与受教育者之间的矛盾，维护校园的和谐与稳定。大学治理改革的目标能否得到实现、大学自治权能否得到落实、大学学术研究能否得到本位性回归，从某种意义上讲，正当程序是其决定性的影响因素之一。

第二节　大学章程在高职院校内部治理现代化中的作用

章程是维持内部管理秩序，理顺对外关系，保证大学自治的根本要求与组织保障，其价值取向在于保障学术自由、促进学术创新、保障教师和学生的权利。大学章程因其法律效力而成为高职院校运行的合法依据,从根本上确立了高职院校的管理运作体制,对外明确了高职院校的法律地位,确保办学自主权;对内章程可以明确高职院校的运行机制,提供完整的制度体系,理顺治理结构。

一、大学章程的法律地位

(一) 章程是高等学校的组织规程

高等学校章程是高等学校设立的必要条件,也是高等学校获得独立法人资格的基础,是高等学校的"宪法"(school charter),世界各国高等学校都有自己的章程。我国《教育法》第26条规定:"设立学校及其他教育机构,必须具备下列基本条件:(一)有组织机构和章程……"《高等教育法》第27条规定:"申请设立高等学校的,应当向审批机关提交下列材料:一、……(三)章程……"说明高等学校章程具有高等学校成立的奠基性地位,是高等学校发展的蓝图。《高等教育法》第30条规定:"高等学校自批准设立之日起取得法人资格。"高等学校章程在内容上应当是高等学校的基本制度,包括高等学校的名称和校址、办学宗旨、组织制度、工作制度、办学规模、学科门类、人事制度、财务制度、举办者与高等学校之间的权利与义务、校长的权利与义务、高等学校重大事项的决策程序、章程修改程序等重大事项。从制定和修改的程序来看,高等学校章程的制定比修改更为严格。一般来说,高等学校自身无权制定章程,章程应由举办者或其委任的筹备组组织组建专门的章程起草小组提出草案,并经举办者认可后,作为高等学校成立的必需条件报主管高等学校设立的教育行政部门批准后方才有效。高等学校章程的修改程序也十分严格,各国法律一般都规定章程的修改必须报高等学校设立的审批机关批准。《法国高等教育方向法》第11条规定:"章程方面的决定,须由理事会成员2/3以上的多数通过。"德国规定高等学校的章程"须由州政府审议"。高等学校其他规章制度的制定和修改则没有如此严格的程序。我国《高等教育法》第29条规定,"章程的修改,应当报原审批机关核准"。

(二) 高等学校章程的效力

高等学校章程的法律效力应相当于规章的效力,因为高等学校章程的通过或修改都要经过政府的批准,但其效力低于国家的法律、法规,它是针对特定学校的"宪法性"规范。就人的效力来说,高等学校章程不仅对高等学校师生员工具有效力,而且对高等学校举办者和教育行政部门也有效力。例如，《俄罗斯联邦教育法》规定："教育机构在俄罗斯法令和教育机构章程范围内自行实施教育过程。"我国《教育法》也规定高等学校"按照章程自主管理"。《关于实施〈中华人民共和国教育法〉若干问题的意见》第15条还进一步规定："高等学校及其他教育机构依法行使办学自主权，任何单位和个人都不得非法干预。"我国《高等教育法》规定，章程必须规定"举办者和高等学校之间的权利、义务"。这也可佐证高等学校章程的效力。

（三）高等学校章程是高等学校内外制度的纽带

作为高等学校设立的必要条件，高等学校章程以国家法律为基础，以高等学校的目的为依归，各国对此非常重视。意大利《宪法》第33条规定："高等文化机关、大学和科学院在国家法律所规定范围内，有权颁布自治规章。"我国《社会团体登记管理条例》第3条规定："社会团体必须遵守国家的宪法和法律、法规，维护国家的统一和民族的团结，不得损害国家的、社会的、集体的利益和其他公民的合法的自由和权利。"由于高等学校章程的合法性和经政府批准的程序性，不仅高等学校本身要严格执行，而且政府管理部门也不能超越高等学校章程直接对高等学校进行管理。所以，高等学校章程有利于政府转变对高等学校的管理职能和管理方式。从过去事无巨细的管理转变为主要依据法律、法规和高等学校章程进行宏观调控与监管。同时，高等学校章程有利于各高等学校根据自身的发展需要，利用法律规定的高等学校权利，充分体现自己的办学特点。正是因为高等学校章程的纽带作用，才使高等学校章程是高等学校法律权利的制度延伸，而且是高等学校自主权的存在根据。没有高等学校章程，也就没有高等学校法律权利向高等学校自主权的转化，也就无所谓高等学校自主权的落实。所以，建立高等学校章程，严把高等学校章程的实施，是完善落实高等学校自主权制度的关键。

二、大学章程的作用

（一）方向引领

大学章程作为大学存在和发展的制度性根基，既要反映一个国家的政治制度、经济和社会发展特征及历史传统，又要弘扬国家和民族的核心价值观；既要彰显一所大学的办学理念和精神气质，也要体现一所大学治理体系的制度精髓。世界各国的大学章程，都具有一些共同的特征：一是明确表达大学的使命；二是明确规定大学利益相关者的权利主体地位；三是明确大学内部治理结构。我国大学章程的方向引领，首先体现在明确适合中国国情的基本制度模式，具体来说，就是要坚持社会主义办学方向，坚持立德树人，培育践行社会主义核心价值观的一代新人；坚持党委领导下的校长负责制，充分发挥中国特色的高等教育体制优势和组织优势，继续保持强大的执行力和创新活力。

（二）制度创新

制定高等学校章程本来就是制度创新的具体体现，一方面可以对大学举办者、办学者的权利边界和职责义务进行明确界定，对大学内部治理进行规范；同时，可以将大学的办学理念、组织属性等落实在学校的制度层面，成为现代大学制度的标志和载体。大学章程要积极回应变革时代的要求。在创新驱动发展时代，大学需要通过大学章程的制定和实施，构建科学规范、运行有效的现代大学制度体系，使经过长期实践探索后相对成熟的大学管理制度逐步规范定型，以保障大学科学持续发展。

（三）凝聚共识

党的十八届三中全会对全面深化改革做出了重大战略部署，吹响了高等教育领域改革的冲锋号，大学改革已经进入"攻坚期""深水区"，需要从体制机制上寻找问题的内在根源和解决方法。改革越深入，越要强调法治，越需要制定和实施大学章程，以凝聚社会各界和广大师生的共识，以章程的内容作为全校师生员工认同的最大公约数，成为全校上下共同遵行的规则，以大学章程来引领改革方向、推动改革进程、保障改革成果。大学章程是推进大学治理体系与治理能力现代化的纲领性文件。

第三节　大学章程要素的国际比较

一、大学章程的外部关系要素

办大学不仅仅是大学内部的事情，还涉及大学与国家、与社会各方面的关系，特别是在优先发展教育、科技和人才成为重要的国家战略的今天。我国《高等教育法》提出"申请设立高等学校应当向审批机关提交章程""章程的修改应当报原审批机关核准"的要求，并提出"高等学校的章程应当规定举办者与学校之间的权利、义务"及其他一些办学要求。这些均涉及大学的外部关系。因此，大学实现按章程办学的基本前提是取得办学自主权，但是这个自主办学要充分考虑国家利益，受国家宏观控制，其生效过程也必须充分体现出这种关系。

（一）大学章程的本质属性及其治理意义

章程就是规矩，其体现着法治精神，没有规矩在管理上就容易出乱子。当然，不合法也并不意味着不能开办。著名的德国柏林大学在1810年开办时，因大学及各学院的章程尚未制定，而没有举行正式的建校典礼。所谓开办，仅意味着教学活动的开始。中国古语所云"没规矩不成方圆"。但是，这个规矩要有效力，要合法且有效，不要只是停留在纸面上的"空中楼阁"；而要达到有效，就必须顾及国家利益和学校利益两方面的关系，探讨以什么样的治理方式能实现学术和国家的最大利益。

1. 章程是大学依法自主办学的产物

在中世纪，大学依靠教皇、国王所赐予的特权而超凡于世俗社会存在并得以自治，特许状因而成为大学自治的保证。"法人团体"一词，由最初指有独特目的和法人地位的任何群体社团机构，指巴黎、牛津等古老大学的行会性教师团体，之后演变为适用于集体享有皇家和教廷授予特权的校长（校监）和师生共同组成的机构。大学经由特许状而获得独立于出资人和举办人的独立法人地位，享有学术自由和独立的财产权，并享有独立于股东或发起人的永久存续权。如伯明翰大学皇家特许状开篇即以皇室的名义对大学的成立加以许可，规定"大学自建立起，即以该大学的名称永久存续，并拥有完整的权利和能力，可以此名称起诉或被诉，并承担、坚持和作为所有其他的合法行为"。由此可见，特许大学得到了几乎像自然人一样的行为权利，甚至可以起诉和被起诉。特许状的契约性质还限制了政府任意改变大学的权利义务范围和性质的能力，根据英国高等教育法专家法灵顿的研究，英国政府只有在三种情况下才能修改特许状：在原特许状中明确地保留了修改特许状的权力；该法人已经处于瘫痪或半瘫痪状态；法人同意修改特许状。为了使高校真正拥有办学的自主权，通过立法确立高等学校办学的自主地位，是西方经济发达国家的普遍做法。法国有关高等教育法案赋予了大学的教学与学术、行政与财政自治权力，规定"以科学、文化和职业为特点的公立机构为国立高等教育和科学研究机构，具有法人资格，在教学、研究、行政、财政方面享有自主权"，同时又要求大学依据法律由校务委员会的多数决定自身章程和内部结构。巴黎——索邦大学（巴黎第四大学）章程第一条指出：依据教育法典之第 L.711—1 条，大学享有教学与学术、行政与财政的自治。大学的自主权具体还可以通过与国家建立合同关系、与地方及经济界建立广泛联系体现；英国大学自古就有高度自治和学术自由的传统，在法理上大学和学院属于"私人部门机构"，拥有很大的自主权：有权设置自己的治理机构，任命自己的职员（包括校长）；自行负责财政事务，确定自己的薪酬制度；也可以借款，不过要受制于拨款机构为保护公共资金而设定的限度；确定自己的宗旨与目标；决定自己的学术项目规划；决定自己研究进程的轻重缓急；安排自己的资金项目等。大学特许状、章程对此均有明确界说，政府不能插手大学内部的资源分配、大学的课程设置、学位授予等事务。引导19世纪初期德国大学改革的思想家们（施莱尔马赫、费希特、谢林、洪堡等）认为，大学只有获得自由，才能完成历史赋予它们的使命，而大学自由的制度保障只能是大学自治。在以此大学理念指导下形成的制度中，大学虽为政府所立，却享有充分的自治权。到了现代，大学自治更是在法律上被明确地规定下来。例如，1975年颁布的《高等教育总法》中规定："大学既是公法上的社团，同时又为国家机构。在法律规定的范围内，大学享有自治权"。《波鸿—鲁尔大学章程》"坚信鲁尔大学作为科学活动自由的场所，其研究、教学与学习作为一个自由的、社会的以及法治国家民主制度下教育事业的组成部分，只有在自治的前提下其责任才能得以履行"。

　　《美国联邦法典》第三十一章教育总则法规定：任何有关适用项目的法律条款不得解释为授权任何美国政府部门、机构、官员或雇员对任何教育机构、学校或学校系统的过程、教学计划、管理或人事，或是对任何教育机构或学校系统选择图书馆藏书或其他印刷的教育资料，或是对安排或输送学生或以克服种族不均衡加以指导、监督或控制。可见美国学校特别是大学的自治程度很高，而章程体现了大学法人对其自身管理运作制度上的规定。传统上，日本大学也有着广泛的学术自治权，但从法律的角度看尤其是国立大学是政府组织的一部分，近年来伴随着法人化改革开始进一步扩大大学的办学自主权并开始制定章程。《东京大学宪章》提到：本宪章是关于东京大学的组织结构、管理运营的基本原则，对于东京大学相关法律、法规等法令的规定，必须依据本宪章的基本意旨进行解释和运用施行。

　　大学因自主办学而需要有章程。大学章程会同有关法律，厘清了大学和政府及其他社会组织的界限，明确了大学自治的空间和自治权的范围，因而成为大学运行的合法依据，也从根本上确立了大学的管理。

2. 章程是外部对大学实施影响而协商的产物

　　中世纪大学成立以来，就一直是政教双方竞相争取的力量，并因特许而获得自治权力。但是，大学的成长发展从来就不是孤立的自治，自诞生以来也从来就没有实现过完全的自治。"在其作为一个学术机构出现之后，就一直处于不同社会势力和力量的作用之下，最初是教会、皇帝、国王和城市的交互影响，之后是政府、市场和科学的相互作用。"自治是一个程度和范围的概念。特许状或大学章程本来是大学自治的象征和保障，但在强权面前它们又是脆弱的。虽然教皇和法国国王相继给予巴黎大学以司法特权，但权力毕竟掌握在当权者手中，干涉大学自治易如反掌。13世纪中期，法国国王亚历山大四世通过发布"新的光明之源"谕旨，表示支持托钵会修士，并毫不犹豫地取消了大学的特许权。随着西欧民族国家的进一步兴起，大学更进一步从桀骜的"国王的大公主"成"国王的掌中之物"。并且，在16—19世纪欧洲大学的"冰河期"，大学甚至不是一个好的词语，其功能开始被一些新型机构所取代，不少大学都面临着生存危机甚至被取缔。如在法国大革命期间，资产阶级的国民公会1793年9月15日颁布一项法令，宣布取消大学，其理由是大学被贵族习气所玷污。英国牛津大学则从教皇得到特许，到1571年牛津和剑桥两所大学的成立法案（act）对其法人地位的确认，再到1636年查理士一世的皇家特许状（the great charter）的强化与分配，以及从多个章程版本的并存、其修改要不要得到枢密院批准，再到2002年"女王会同枢密院"审议批准的新章程生效，无不体现出外部与大学之间及大学外部相互之间对大学的控制、妥协与协商。德国《高等教育总法》也规定：在不违背《基本法》规定的自由情况下，教学自由主要包括在各自的教学任务范围内开展教学活动，确定教学内容和方法，以及发表对科学艺术问题的学术观点的权利。这说明大学的自治是有度自治。

大学章程或特许状既是大学自治的一个保证，也是政府参与大学治理的一个机制。它们既规定了大学的权利，也相应地规定了大学承担的公共责任。英国大学特许状是界定大学与政府之间权利义务关系框架的法律文件，大学履行公共责任是获得皇家特许的必要条件，是获得特许状所授予的诸多特权的前提条件，因此特许状对大学的目标和其他公共责任做了明确规定。如牛津大学特许状对设立大学的目标的描述是：通过教学和研究以及各种方式的传播，以使大学的教育和学术研究日臻完善。大学与政府均不能单方面修改或撤销特许状及章程，这一定程度上体现了契约的合议之义。大学是自治的，但大学不能超越社会而独立发展，特别是不能不顾忌统治者的利益和期望，因此大学章程应体现学校意志与国家意志的综合。只有这样才能得到广泛的认可，也才能有效地发挥作用。有意思的是日本大学宪章的英文翻译是"charter"，也就是英国特许状的译法，作为新制定大学章程的日本选用它来作为英文用语，也许更能体现"章程要接受外部影响"的身份定位。

（二）章程内容所涉及的大学与外部关系

大学与外部的关系涉及与政府的关系及与社会的关系。其中，与政府的关系是刚性的，受管理体制和法律规定的约束，而与社会的关系则受到学校发展战略和传统的影响。

1. 对大学与外部关系的规定

如何使大学与社会共同发展，是大学与社会面临的共同问题。正确处理好大学与外部的关系，是大学能否正常运行以及实现有效自治的关键。如果将高等教育制度分为大学内部制度和外部制度，那么章程就是连接内外制度的纽带，并要对大学的治理结构做出规定。

在与政府的关系中，法国《高等教育法》著名的"参与"原则，意味着允许大学外部人士参与大学管理。2007年8月10日，法国国民议会又通过了一部《大学自由与责任法》。该法首先致力于提高大学治理的效率，赋予校务委员会更大的权力，并将其成员数量缩减为20～30人（1984年规定为30～60人），但增加了校外人士的比例，特别注明至少有一位企业经理和一位地方政府负责人，目的是保证大学与社会的强有力联系。可以预见随着其进一步的实施，法国大学章程的内涵也会有所更新。德国于2006年6月1日生效的《柏林洪堡大学章程》特将"州与大学之间关系"设为第一章，提出学校"人事管理，经济管理，财政与金融管理，收取费用以及医疗保障都属于国家行政事务，这些与学术事务一同由学校统一管理"，"联邦州拥有法律监督权力"，负责高校事务的行政管理部门可根据柏林大学法第56条相对于大学校长的监管权自治独立地实施此权力。西班牙《马德里自治大学章程》规定大学设有社会理事会，是在大学的领导和管理下，促进大学不同部门参与社会事务的集体机构，社会理事会主席要由马德里自治区任命。日本为建立21世纪的"都市型综合大学"而于2005年以东京都都立的四所大学合并的"首都大学东京"在其《新大学宪章》提到：新大学深刻自觉认识到我们是一个由（东京都）都民来支持成长和发展的教育研究机关，所以我们极其重视与东京都民的知识交流。对于地区和社会特别是东京都所存在的各种问题，始终以敏锐的感觉和科学意识积极参与其中。目标是做与社会同步进化、与时俱进的大学。

大学章程注重把大学与外部关系的理念转化为制度上的规定。大学章程一般都明确规定了外部人员参与大学决策机构的名额、产生方式以及参与学校管理的方式和权限，并确定校友参与大学事务的权利。法国大学章程根据《高等教育法》规定了参与大学各委员会的外部人员的条件与名额，例如巴黎大学校务委员会规定有16名外部人士。德国柏林洪堡大学校董会要有一名由柏林雇主联合会代表的柏林经济界人士，《波鸿—鲁尔大学章程》第四章第十八条规定："波鸿市市长和鲁尔大学友好企业的董事长为管理委员会成员。"美国《耶鲁大学章程》规定，法人机构的19名成员中有3名当然委员，他们是耶鲁大学校长、康涅狄格州州长和副州长。该章程同时规定，除法人代表之外，学校还有一名负责纽约市、州政府事务及学校发展的副校长，其职责是根据校长的授权，处理学区和州政府的关系，协调学校在纽黑文市的主动权。政府官员和社会人士参与学校法人机构，有利于学校和政府及社会各方面关系的处理。

通过与校友的联系也可以扩大学校与社会的联系，促进学校教育事业的发展。校友是学校特殊的不可或缺的资源。美国大学章程中都有关于校友的内容。如耶鲁大学章程规定，19名法人成员中"有6名校友，由校友会根据规定选举产生"，"校友会的目标是为耶鲁大学服务，为校友和学校提供彼此交流的渠道"。康奈尔大学章程规定，56位董事会董事中有8位董事由校友自身选举产生，任期四年，并对校友事务和发展委员会的职责和运作进行了规定。校友在社会中的作用，也通常被视为检验学校人才培养质量和学校地位的重要标志。

依照大学章程，社会参与大学事务及大学接受社会委托或赠予都有"法"可依，从而保障大学与社会的协调发展。

2. 大学章程的制定、生效与修改

我国《高等教育法》提出了"申请设立高等学校应当向审批机关提交章程"的要求，但目前绝大多数高校并没有章程。没有章程并不代表不能办学，新中国几十年的高等教育发展业已取得了举世瞩目的成就，日本国立大学在法人化前并没有章程，著名的德国柏林大学在1810年开办时也没有颁布章程。但是，随着社会成熟度的不断提高和社会秩序的不断加强，特别在当前实行市场经济体制的法治国家，作为独立法人的大学如果长期没有章程，说明其与政府的关系还没有协调好，内部有效治理的机制还不完善，尚不能真正地实现依法治教。

有关大学章程的制定和生效目前也争论不一。目前少量已制定章程的学校有些是由教代会通过而生效，有些是由党委批准而生效，也有学者提出章程要由学校的举办者制定。其实大学章程的制定过程在国际上也很不一致。

美国大学的章程是以特许状为基础而发展演变来的，但大学的权力机构（一般是大学的董事会）有权力根据大学设立的特许状及国家或地方政府教育法律法规而制定章程。由于大学章程是大学自己制定的，因此大学自治、学术自由等大学自主理念得以体现。法国大学章程由校务委员会批准生效，但要求大学把通过的章程报送负责高等教育的国家部委。日本大学宪章也是由各大学根据国家有关法律自行制定，由大学评议会通过生效。如东京大学特别成立21世纪学术经营战略会议，下设宪章准备委员，为大学宪章制定事宜还曾专门向学校全体教职员工和学生们发出公开征询意见书。

英国大学特许状和章程需要获得枢密院批准才能正式生效,其废除或修改也需要获得枢密院批准。枢密院负责向女王提出修改特许状的建议,女王拥有权力最终批准特许状的修改,但枢密院本身有权批准章程和条例的修改,大学确定了合理的修改内容,先要非正式地向枢密院办公室的顾问咨询。大学需要正式提交三份签名盖章的修改提议文本和一份电子文本(外加一份有关改动目的和效果的说明性备忘录),枢密院才会正式考虑批准修改提议。我国香港地区的大学宪章在公立大学成立时就要制定,系经过立法系统讨论通过的,如香港科技大学成立时就在立法会通过其大学宪章作为一项专门的法规。西班牙《马德里自治大学章程》由校务委员会起草、通过,全校代表大会批准,并提交教育部管理理事会审议,教育部部长和管理理事会主席签发后在马德里自治区官方简报上公布后开始生效。

《联邦德国高等教育法》规定"高等学校自行制定的基本章程,须以州政府审批"。《波鸿—鲁尔大学章程》先由校务委员会决议通过,然后由北莱茵—威斯特法伦州创新、科学、研究与技术部来批准签发。新的《柏林洪堡大学章程》先由柏林洪堡大学教职工代表大会根据柏林大学法第3条第1款、第2款(2003年2月13日版本)及工资改革实施法(2004年12月2日版本的相关内容)于2005年11月22日表决通过,然后洪堡大学学术评议会于2005年11月22日对此章程进行表决,校董会根据柏林大学法第64条规定于2006年5月11日对该章程表决通过后,最后由负责高校事务的评议管理委员会根据柏林大学法第90条第1款规定于2006年6月1日批准了《柏林洪堡大学章程》生效的提案。

二、规定并彰显大学使命

《高等教育法》规定高等学校的章程应当规定学校名称、校址、办学宗旨、办学规模、学科门类设置和教育形式,这些离不开大学使命的彰显及具体办学目标的陈述。这也容易理解,因为每所大学首先应让别人知道你是干什么的,你的特色是什么。因此,大学的理念、宗旨、目的、目标、任务等,是事关学校发展的重大基本问题,是大学章程规定的重要内容,也是陈述大学理念与宗旨的闪光点。尽管表述的词语有异,但可进一步细分为更根本和长远性的理念、宗旨、目的和更具体的阶段性的目标、任务部分。

(一)办学理念与宗旨

大学理念决定大学发展方向,是大学之魂。如果丧失了理念,大学的根基就会漂移。章程类似于大学内的"精神训",正如王国维先生《人间词话》开篇中所言"词以境界为最上。有境界,则自成高格,自有名句"。借此套用,大学以精神为最上,有精神则自成气象,自有人才。只有从法律上确立大学的理念与管理运营基本原则,才能使国家、大学各组成部分、社会机构与大众等主体从保障大学使命充分实现的高度上思考大学发展目标问题,在制度设计和内容安排上保证各机构及其成员责任与义务的切实履行。

因大学有其同质性的一面,办学理念和宗旨可能会有一些共同的特点,如都要通过教学、科研、服务三大功能贡献于社会。但是,各大学又有其差异性的一面,大学的理念与宗旨要特别反映这种差异性,有自己鲜明的特点。杨福家在评述耶鲁大学的使命时说:"初看耶鲁大学的基本使命(保护、传授、推进和丰富知识与文化),似乎只是词语的堆砌,但是仔细品味,就能了解,假如使命只有传授知识,那么它就对美国近4 000所大学与学院都适用;若加上推进和丰富,只有3%的大学能够胜任;再加上文化两字,就只剩1%;至于能够涉及保护知识和文化的,只怕不足3%。大学的使命要有差别性、特殊性,如果一所大学的使命什么学校都能用,那它的表述就不很贴切了。"

日本大学宪章被誉为大学"精神构造上的骨骼"。从东京大学宪章中,我们可以清晰地感受到一种立足于全球视野和全球思维的战略选择高度和指向。其理念不是仅仅停留在日本本国的现实情况,而是瞄准全球定位,对自己大学名字的前置定语是"世界的"东京大学而不是"日本的"东京大学。努力"通过教育教学与科学研究,追求超越国籍、民族、语言等所有界限的人类普遍的真理和客观事实,为世界和平和人类福祉、人类与自然的和谐共存,安全环境的创造,各地域间的均衡可持续发展、科学与技术的进步,以及文化的批判继承与创新作出应有的贡献"。其他著名的帝国大学,宪章的设置理念、构筑体系等,也均表现出强烈的全球化、国际化价值取向,追寻在积极的合作交流中打造大学的国际竞争力。而地方公立大学及一些私立大学,则表现出较强的务实性。

1650年特许状所规定的哈佛学院的宗旨为:"促进一切良好的文学、自由艺术和科学;以各种良好的文学、自由艺术和科学培养教育青年;并提供有助于教育这个国家青年的其他一切东西。"威廉玛丽学院1693年的特许状提到建校的目的是使弗吉尼亚的教会可拥有一所传递福音的牧师的神学院,使青年在良好的文学和品行方面受到教育,并且使得基督教的信仰得以在南部印第安人中传播,为全能的上帝的灵光,来建造创立和设立一个广泛学习的场所,也就是一所神性、哲学及其他优良艺术与科学的永久的学院。1701年耶鲁学院则宣称要把耶鲁学院办成这样一所机构,青年人可以在这里学习艺术和科学,并借助于对万能上帝的赞颂而适合在教会和政府中任职。

德国《柏林洪堡大学章程》明确规定"致力于教研的统一、教与学的结合，科学的命脉根植于自由，而自由源于责任，学校因而也致力于学术自身责任及自我管理"。《波鸿—鲁尔大学章程》在第二条规定"鲁尔大学及其成员和附属成员肩负着创新与批判并存的科学教育使命"。

根据法律，巴黎第四大学明确其"普遍使命是在文学、语言和人文与社会科学领域的知识设计与知识传授、初始培训与继续培训、文化进步、研究的提升与增值。它通过其物质、智力与精神的全部组成部分，研究不同文明的历史发展和现状"。为了实现大学使命，大学要为其成员提供自由的学术氛围，巴黎第四大学更在其章程中表示，"要在作为绝对准则的自由精神之中，在客观和其成员在自信、目标、方法和工作表述上相互尊重的精神之中，完成其教育任务和学术任务"。

日本立命馆学园有100多年的历史，是一所涵盖从小学、高中到大学的私立综合性学园。第二次世界大战后，立命馆立足于过去战争的痛苦体验，将"和平与民主主义"作为其教育理念。我国香港科技大学的使命是——透过教学与研究，增进学习与知识，尤其在科学、技术、工程、管理及商业方面的学习与知识；研究生程度的学习与知识；协助香港的经济与社会发展。

（二）办学目标及其具体化要求

章程要描述大学未来发展蓝图、规划大学自身发展的中长期目标，是基本法治精神下的一种制度保障。即以章程为大学校内基本法的制度。章程明确了大学的定位、发展战略目标，使管理有章可循、有据可依。章程使大学内的每个机构甚至每个组成成员都了解到了未来的发展方向和目标，对教师和学生的行为起到潜移默化的指引作用。

办学使命及其目标任务要求，既有共性，又有特色，遵循什么理念是其基础。如果说理念与宗旨的共同部分还可以多一些的话，那么，大学的办学目标则一定要明确、具体，要把学校的定位规范下来。

在日本的国立大学中，特别是像东京大学、京都大学、九州大学等著名帝国大学，宪章的目标面向的是国际科学的最前沿，瞄准的是全球、全人类发展的战略需求。东京大学提出：将基于学术自由的精神，追求真理的探究与知识的创造，维持和发展世界最高水准的教育作为目标；培养拥有广阔视野，具备高度的专业知识和理解力、洞察力、实践力、想象力，具备国际性和首创精神的人，培育具备领导素质与人格的人。牛津大学的主要目标是：通过教学和研究以及各种方式的传播，以使大学的教育和学术研究日臻完善，该大学有权开展任何法律允许的且为实现目标而必要或需要的活动。

日本东京新都大学追求的理想目标是：作为大学所应承担的世界普遍性的使命，即以学术研究为中心，深入教授并研究、传播专业学问化的学问、艺术与技艺的同时，培养具有渊博的知识、广阔的视野、深厚的教养以及综合的判断能力，且具有健康的心灵、高尚情操人格的人才，生活的人们共有的知识财产的独特性，以洋溢个性、富有特色的大学为奋斗目标；美国密歇根州立大学在章程的序言中指出，作为政府赠予的学校，其职责是提供农业、工业及其他课程的自由性及实践性教育，为学生的学术生涯和职业生涯做准备。康奈尔大学的章程规定学校的主要任务是为了推动学校工业课程的自由和实践教育，学校主要教授与农业、机械相关学科的知识，包括军事战略等。德国《波鸿—鲁尔大学章程》规定"作为德国第一所综合性大学，波鸿—鲁尔大学依照学科价值同等原则，将传统大学与科技大学的学科相结合，学科设置涵盖了神学及工程学"，并进一步明确提出要"为日后的就业做准备，使学生能够将科学知识应用到实际工作中去"。

三、大学的内部治理要素

在大学面向社会依法自主办学地位的确立中，存在着两种关系。一是大学自治权的外部关系，需要厘清大学和政府以及其他社会组织的界限所在，明确了大学自治的空间和大学自治权的范围；二是大学自治权的内部关系。大学的法人地位和管理体制基本由法律来明确。章程更需要在大学自治的空间内，对管理模式进行明确界定，因此内部治理是大学章程阐述的重点，《高等教育法》也明确了高等学校的章程应当规定内部管理体制、经费来源、财产和财务制度等问题。从中国过去的书院揭示、学规到国外的特许状、章程、宪章，无不对内部治理加以重点描述，而内部治理又重在结构（制度）、程序（机制）的约定，也包括校长的责任、产生程序等一些重要的事情。

（一）大学的内部治理结构

大学章程要对大学的治理结构明确界定。主要包括决策机构、行政机构、学术机构等，包括机构间的运作程序，各机构及其岗位的职责、义务等。

1. 决策（治理）机构

各国大学章程均明确规定了大学的决策机构和重大问题决策程序。在美国，董事会是大学的最高决策与审议机构，行使的职权具有决定性和宏观指导性。如芝加哥大学章程明确规定，董事会拥有大学的最高决策权，大学校长向董事会负责，并执行董事会决策；康奈尔大学章程规定，按照特许状和州法律，董事会是大学包括每一个学院、学术单位、部门、中心的最高领导机构，董事会保有所有的法人权利。法国大学校务委员会是大学的决策机构，负责决定本校的政策，尤其是审定与国家签订的多年合同的内容、决定预算和决算、分配人员编制等事项；根据特许状和章程，英国大学理事会或校董会作为大学的议事决策机构，对处理大学的事务拥有最高权力，包括制定大学的发展规划和战略方向，确保对大学事务、财产和金融的有效管理和控制，决定大学的组织结构、人员编制和总体构成，理事会还是大学公章的唯一使用者和监护者。根据原《德国高等教育总法》第六十二条"学校领导机构"所述，"按高校的基本章程规定，高校由'校长或校务委员会'和'校董事长或校董事会'领导"。德国高等学校的领导机制以本校的基本章程为准，或是实行校务委员会制，或是实行校董事会制。波鸿—鲁尔大学的领导机构实行的是校务委员会制，柏林洪堡大学的领导机构实行的是校董事会制。

章程还规定着大学决策机构自身的运作和一些具体的权力。董事会制度是美国大学治理的重要内容，为规范其运作，大学章程规定了董事会的规模、职责、组织结构、选拔和任期等，董事会的作用还包括选择校长、监察教授职位的聘用和高级行政职位的任命等。董事会一般下设一些委员会，章程要针对各自的不同职能对其职责做出具体规定。如康奈尔大学章程规定董事会由64名成员组成，其常务委员会包括执行委员会、学术事务委员会、学生生活委员会、投资委员会、审计委员会、财务委员会、政府关系委员会、不动产和资产委员会、董事会成员资格委员会，以及校友事务和发展委员会等，相关委员会或监事会依据章程或董事会的决议之授权践行其职责。英国大学理事会通常规模为20~40人，校外人士占大多数，近几年大学教授的比例有所增加。理事会成员通常包括校长和代理校长，大学财务官，大学所在地行政当局任命代表若干名，学术评议会指定代表若干名，教职工全体大会非辅助性成员若干名，全职辅助性成员若干名，非本校成员若干名，本校学生若干名。理事会有权任命理事会主席、副主席和其他成员，与评议会联合提名荣誉校长人选，任命校长、代理校长、财务官、代理荣誉校长、审计师，根据评议会的推荐和建议设立学术岗位和学术管理机构。理事会有权成立常务委员会或临时委员会，如牛津大学理事会现设以下常务委员会：教育政策和标准委员会、综合目标委员会、人力资源委员会、规划与资源分配委员会，它们各自的组成、权力和职责都有具体的规定。

2. 行政（执行）机构

大学章程规定了大学的行政组织结构和执行程序，包括一些主要机构和重要岗位的职责与运作。一般而言，决策机构如大学董事会并不管理具体的日常行政事务，其制定的政策方针由校长去具体实施。即董事会抓大事，校长管具体事务。

明确组织结构与职责。大学章程还规定了各个委员会、行政部门的职能及权限，保证各部门能够在校长的主持下各司其职，既不越位，也不缺位地管理大学。

总体上，校长对外代表大学，对内负责有关大学自治的一切事务。英国校长的权力是大学法和大学章程所赋予的，属于职位性的权力。校长是掌管大学学术和行政的首席执行官，是大学学术领域的主要负责人，是拥有大学治理领域的最高权力的个人，直接对理事会负责。校长产生方式、任期期限和任职条件各校基本一致。德国《波鸿—鲁尔大学章程》第四章第十八条规定："校长对外代表鲁尔大学；校长是学术工作人员的领导；校长是大学行政管理委员会和校务委员会的主席。"德甲大学章程甚至对系一级及其下属机构的职责、人员、运转等都有详细的规范。

大学章程一般还具体明确校长的职责。法国大学校长虽然由政府任命，但他不是行政官员。基本的规矩是，新校长一旦当选，他的职权就由大学的章程界定着，外面的官员或工商界无权干涉；美国大学的内部管理体制实行董事会领导下的校长负责制。校长是学校的最高行政负责人，担负学校办学、发展的全部职责。康奈尔大学章程规定，校长是学校的最高行政和教育的长官，负责学校事务的全面管理，是董事会与各个院系和学生团体之间公务交流的媒介。校长界定所有负责人职责，界定章程和董事会决议中没有描述人员的职责；校长每年须向执行委员会提交年度财务计划，对学校的所有部门提供适合的拨款；校长有权使用法人印章签署契约和其他法律文件；校长应向董事会提议财务和其他管理规章规范学校商业事务行为；校长应就学校的状况和需要向董事会提交年度报告等。就大学校长的权力，巴黎第四大学的章程列举了9条，同时对其又有相当多的限制：校长虽然主持三个委员会，但必须执行其决议，接受其建议与意见；他要保证属于大学的财产管理，而不许牟取私利；他有权任命中层管理人员，但须征得相关委员会的同意。

3. 学术机构

大学章程要明确规定大学的学术机构。大学管理非常重视发挥教授的作用，学校的决策机构、重要管理机构都吸收教授加入，这一点从国外大学章程中也可清楚看出。如耶鲁大学章程规定："每个学院的终身教授同时是行政人员，他们和校长、教务长、院长一起组成终身职员理事会。该理事会是学院的管理机构，处理有关教育政策、学院管理的事情。"

法国大学设学术委员会，对科研政策及科研经费的分配提出建议，对科研计划、科研指导资格、文凭的设置与变动等方面问题提供咨询。学术评议会是英国大学最高学术权力机构，负责管理大学的学术工作，规范、监管学生的纪律，享有制定大学学术政策的全部权力，是可以直接和各个学部、系

直接打交道的机构。

在德国大学里,评议会对学术事务以及重大的行政事务拥有审议、决策权,按《联邦德国高等教育法》的规定,本校教授在这一机构中拥有绝对多数的席位和表决权。《柏林洪堡大学章程》第四条就学术评议会的组成做了详细的规定。柏林洪堡大学的学术评议会由 25 名成员组成,即 13 名高校教师、4 名学术人员、4 名在校学生、4 名其他工作人员。德国评议会中通常设立专门委员会,处理不同领域的事宜,各委员会的成员中教授占多数。根据《柏林洪堡大学章程》,该大学的学术评议会常设的事务委员会有:发展规划委员会、财政委员会、科研委员会、教学委员会、地方发展委员会等。

(二)重要事项

大学章程一般还对以下重要事项进行说明。

1. 校长的任职条件和产生方式

《德国高等教育总法》中明确规定:"校长应为专职。校长从本校教授中选举产生,任期至少为两年。"《波鸿—鲁尔大学章程》对大学校长的选举程序和资格规定如下:(1)在新校长任职前的半年内,由校务委员会从在鲁尔大学有过公职关系或者无限定期限的私法工作关系的教授中,以获得校务委员会中的多数选票选举产生。任期为四年,任期满后可以重选。(2)州政府向特定部门提议对当选人予以任命或委任。副校长由校务委员会根据校长的建议,以不记名的方式,由校务委员会中的多数投票在教授中分别选举产生,并由校长任命。在选举之前须明确副校长的职权范围。

依据教育法典之第 L.712—2 条并根据 1984 年 12 月 17 日法令修订条款的规定,原来法国大学校长由校务委员会、学术委员会和教学与大学生活委员会全体大会的在任成员的绝对多数选举产生。2007 年 8 月 10 日,法国国民议会和参议会通过并由共和国总统颁布了"大学自由与责任法",赋予校务委员会更大的权力,大学校长的选举程序也有所变化,校长不再是由校务委员会、学术委员会和教学与大学生活委员会全体成员组成的大会选举产生,而只由校务委员会的成员的绝对多数选举产生。

美国大学校长由全体董事会成员的多数票选举产生;英国曼彻斯特大学校长须经校董会与理事会协商后任命,牛津大学由高级教职员全体会议(congregation)批准对校长的任命。

2. 教师聘用

一般而言,大学可自行决定聘任教授和招收学生,同时实行"学术自由"。当然,德国大学的教师属于国家公务员,因此政府介入比较多。但即使在这样的情况下,若没有正当的理由,政府不能否定大学的推荐。因此,对教授的聘用，主要决定权实际掌握在学校手里。政府关于大学教学人员的聘任和受聘条件、法律地位等，在《联邦德国高等教育法》中均有详细的规定。根据学科和专业的不同，德国教学人员主要分为教授、文理科和艺术科助教、主任助教、高校讲师四大类。对于教授的聘任，该法规定"由本州规定的主管机构根据学校的建议人选进行聘任"。在此框架下，大学自己的章程中也对教师聘任、教授资格评定等有明确规定。基本程序为：先由系务委员会组建的聘任委员会经过磋商提出名单，上报系务委员会；学校根据招聘结果提出建议名单；最后由州科学艺术部任命或聘用。在系一级的聘任程序中，充分显示了系聘任委员会和教授及其他教学人员所具有的发言权。通常聘任委员会中 2/3 以上的成员必须是教授；此外，主任助教和具有教授资格的主任工程师以及其他高校教师等均可列席会议。在确定被提议的人选涉及有关教育方面的能力时，还要听取系务委员会中学生代表的意见。

3. **学生权益**

学校最根本的任务是培养人，因而大学章程也涉及对学生合法权益的规定。但这方面的内容一般不多，有专门关于大学学生的录取、行为规范、纪律及教育的内容，也有和学位授予、平等、人权等内容联系在一起阐述的，很多大学章程都有学生代表参加学校决策管理机构（如董事会的名额的）规定。如英国曼彻斯特大学章程也专设"学生的行为、纪律及学业进展"一章，康奈尔大学章程中专门规定了"学生生活委员会"的职责，并规定 56 位董事会董事中有 2 位董事由学校伊萨卡校区学生团体成员自身选举产生。密歇根州立大学章程中有一章内容规定了校董事会与学生的关系。其中规定：校董事会为来自密歇根州和其他州或国家的有资格的学生提供平等的受教育的机会，校董事会授权校长听取并解决学生投诉的重要的事情。

东京都新大学提出，要建立强有力的支援体制，面向全体学生提供最好、最完善的教育与研究环境，为最大限度地避免因经济困难或其他各种身体疾病障碍等原因而受妨碍，以致影响到休学、各种机会减少等事情的发生。自治会活动（学生会活动）等的自主自发活动是属于学生的基本权利，并且是对大学的发展贡献力量、带来动力与活力的事情。德国《柏林洪堡大学章程》提出：学校反对歧视，并致力于消灭学校中存在的歧视现象，尤其是保护在职或在校学习的女性。校方还应考虑到学校若有残障成员则可能会产生的相应需求，并须考虑到学校外籍成员的特殊利益。东京大学提出，要尊重基本的人权，排除因为国籍、信仰教义、性别、身体障碍、门第等缘由而导致的不正当歧视、区别对待及压制，旨在创造公正的教育、研究、劳动环境，以谋求全体组成成员都能够完全地、充分地、尽善尽美地发挥个性与能力。显然，这不仅仅指学生，也包括教职工。

4. 学科建设

学科建设是大学章程不可或缺的内容，但也比较雷同，一般都是由学术机构建议决策，行政机构实施。如德国《柏林洪堡大学章程》第十四章规定"学校董事会根据学术评议会的建议对系的建立、改建或撤销作出决定"，《波鸿—鲁尔大学章程》第四章第十八条规定"有关新院系的建立和现有院系的撤销以及分离由行政管理委员会在进行有关听证之后作出决定"。

大学通常为多学科的高等教育机构，每一所大学的学科结构都可能不同，不同学科都有权利表达自己的声音，因此大学章程要保证主要学科在学校管理中的代表地位。从某种意义上说，大学章程也是对本校内部学术势力的认可。

5. 经费管理

在大学日渐成为复杂组织的今天，大学治理都有着严格规范的财产、财务监督和管理制度。

德国《波鸿—鲁尔大学章程》有"财政预算"一章，对经费的预算、分配、管理、责任人等都有明确的规范。法国《巴黎第四大学章程》规定：校长按照现行规定之条款制定与执行预算，为大学收入与支出审核者；校务委员会依据教育法典第 L.719—5 条和 1994 年 1 月 14 日第 94-39 号法令的规定，投票表决预算与批准账目。西班牙《马德里自治大学章程》声称其根据《大学组织法》和本章程享有经济和财政自治权，但它的经济活动应符合《大学组织法》第十一部分、经济法规、公共部门财政预算和本章程的相关规定，并有详细的条款说明，包括长期计划和预算、财产的管理和安置、财政收益、报账、清算、内部控制、合同。

在英国大学内部，理事会拥有最大的财产、财务管理权限。大学章程大都规定，大学理事会可应学术评议会或校务主任之请，要求校长制定操作权限与程序，建立、维护有效管理制度及财务监管制度。东安格利亚大学理事会可以任命一名大学财务官，在理事会确定的任职期限内执行理事会确定其完成的职责，财务官对任何向大学的可支付或可交付的资金或财产所开立的收据具有充足的效力。《曼彻斯特大学章程》也专设"法人、财务与财产管理"一章，对大学的合同、财产管理、收费、接受捐赠、投资、担保、酬金、维护有效管理体制及财务控制体制等都有详尽的说明。在财务监督方面，主要由审计师负责英国大学校内财务监督职责。一般来说，英国大学章程都会规定审计师的任职资格、报酬、职责，各校情形基本一致。通常由大学理事会任命一名或多名审计师，审计师必须是得到贸易与工业部（贸易委员会）认证的监管机构或会计师机构的成员，符合有关公司法相关条款的规定，不能任命本大学理事庭成员、理事会成员、本校教职员工及其合伙人为审计师。

日本《东京大学宪章》提出：东京大学秉持高度的自觉，深刻认识到为了支持和不断发展教育、研究活动，所需的必要的基础性经费以及保持扩充设施配备的可能性经费，都是被国民所赋予的资源。我们大学对此资源定会进行妥善公正的管理，并且力求做到最大限度地有效使用，以期达到最优效果。另外，只要与大学最根本的使命、根本原则不背道而驰，根据特定的教育、研究上的需要，大学也将积极地接收从国家、公共团体机关、公益性团体、民间私营企事业以及个人来的外部资金。

第四节 高职院校章程的特色研究

高职院校是我国高等院校的重要组成部分，需要按照国家和教育部的要求制定学校章程，并根据高职院校自身的特点，制定不同于其他高等院校的章程。

一、高职院校章程的特色体现

（一）办学宗旨凸显高职使命

制定高职院校章程时首先要明确提出办学宗旨。高职院校办学宗旨是关于高职院校存在的目的或对发展应做出贡献的陈述，亦称为高职院校使命。从内容上，高职院校宗旨不仅要陈述高职院校未来的任务，而且要阐明为什么要完成这个任务以及完成任务的行为规范。换言之，尽管高职院校的宗旨陈述千差万别，但它要回答两个基本问题：这个高职院校是做什么的和按什么原则做的？从中可以看出，宗旨可以表现出这个高职院校设想树立什么样的社会形象以区别于其他高等院校，也区别于其他高职院校。宗旨部分的文字不多，一般仅有几十或几百字，然而，用不多的文字准确表达学校宗旨并得到多数人的共识是不容易的。一般来说，高职院校在宗旨陈述中需要把握以下四点。

1. 全面而准确

从实践上，章程中的宗旨规范着学校的发展方向，与宗旨一致的事情可做，不一致的事情就不能做。明确宗旨能够使有关方面从战略和长期发展的

角度考虑学校的建设。由于有全面性要求，各学校的宗旨会有很多相同点，毕竟，我国有一千多所高职院校，形成一千多个差异很大的宗旨的可能性不大。同时，我国一千多所高职院校中的每一高职院校特点是不同的，对于具体的院校来说，学校的宗旨不仅要定义学校的方向和目标，而且要从中体现学校的特点。宗旨千篇一律，会失去学校本身的特点，不能表现学校的使命。在这方面，国际知名学校的实例值得我们借鉴。学校的宗旨要准确，表现在差别性、特殊性，如果描述准确，高职学校的特点就能够表现出来。

2. 明确服务功能

我国的高职院校绝大多数是服务于区域、产业或行业的职业发展的，这一点少有疑问。但在如何服务上，还要有深入的考虑和准确的表述。如，目前我国有些学校的章程中提出，学校服务于学生的职业发展，依此章程，该高职学校是一个明确的由教师教育和引导学生职业发展的单位。从部分学校来看，这种提法没有多少问题，但多数高职院校中教师与学生之间的关系不同于中职学校、职业高中的教师与学生之间的关系。从现有的教学实践看，在高职院校，并不完全是教师服务于学生，而是教师和学生两者都服务于职业发展。现实中，高职院校除了培训从学校中招收的学员外，绝大多数还担负着培训在职人员的任务。教学相长在这类培训中特别突出，不仅仅是年轻教师，而且不少有丰富教学经验的老教师也在这类培训中丰富了自身的知识，提高了自己的技能，部分学校还可以从培训的学员中找到更适合职业教学的师资。从我们有限的实践看，不仅仅是对在职学员的培训，还有对从初、高中来的部分学生，由于有些学生对职业工作的兴趣，有些学生已有一定的职业工作经历，或在学校中的职业工作经历，这部分学生在职业发展的某些方面，能力会高于我们的部分教师。在知识和信息高度普及、职业分工日益深化的现时，这类现象越来越多。在职业发展中如何发挥好教师和学生两个方面的作用，搞好服务，实现教学相长，在宗旨的表述中需要认真推敲。

3. 发展目标切合实际

宗旨中提出的目标需要表现高职教育的特色，要经过一个时期的努力来达到，才有激励的作用，才能够聚集学校人心。同时这个目标应该是在努力后能够实现的，而不能是遥不可及，不能实现的。对于高职院校来说，提出的目标特别要符合当地职业发展的客观实际。从当前职业教育的发展实例也可看到这一点。很多世界知名的酒店管理院校的校舍前身都是豪华知名的四星、五星级酒店，如瑞士最大的酒店管理学校 SHMS 前身是一间有百年历史的五星级酒店 CAUX - PALACE，而 IHTTI 纳沙泰尔酒店管理学院前身也是瑞士当地著名四星级酒店——Eurotel 酒店。此外，酒店管理专业学生的带薪实习课程很多也是在知名四星、五星级酒店进行的,以此可见,因为职业发展有较高水平,职业教育才能有高水平。综观世界上高水平的职业学院,没有哪一个不是建立在世界一流水平职业发展的基础上的,没有职业发展这个基础,也就没有职业学院发展的前提条件。职业发展与职业教育的发展是唇齿相依,彼此依赖的,只有所依的职业发展后,职业教育才能够发展起来,这是职业学院发展的实际,脱离这个实际的目标就不现实。同时职业发展又依赖于职业教育和相关的科研、服务,高职院校发展能够在一定程度上促进职业发展,从而形成良性循环,为高职院校达到更高的目标创造必要的条件,但这需要非常长的时间,也需要有更多的条件。

4. 循序渐进

宗旨的提出要根据学校发展的现实情况,形成一个学校的宗旨必然有一个逐步完善的过程,不能要求一次完成。事物总是在不断发展的过程中,人的认识也在不断发展和完善。当前高职院校一方面要考虑提出的宗旨适合现时的条件,同时,又要尽可能符合未来的发展。毕竟,过于频繁地调整学校的宗旨不利于学校的发展,不利于凝聚人心。同时也要看到,由于人的认识需要有实践的支持,在当前预见未来的情况是可以的,但完全准确地预见则是不可能的。特别是职业的发展,在科学技术突飞猛进的时代,内容必然会有很大的改变,在职业内容改变后,职业教育也需要相应调整。从未来的变化看,今后高职院校宗旨的调整是必然的。根据这一思路,我们在制定学校章程时,一方面要认真地对待当前宗旨的提出,力求其适合现时及未来的发展,同时也要打好将来调整宗旨的基础。

(二) 师资建设突出高职特色

师资队伍建设是高职院校章程的内容之一。在高职院校的章程中要明确高职教育与普通高校师资队伍的不同点,以逐步建立有职业特点,不同于普通高校的师资队伍。

1. 结构合理

师资能力和水平是高等院校履行其使命的基础条件。作为以高等职业人才培养为主的高职院校,在师资队伍上与普通高校是不同的。由于高职院校的课程要由文化知识、专业理论及职业能力三部分组成,故在高职院校,除了文化知识和专业理论课程外,还需要有职业能力培养的师资,而且,在高职院校师资队伍组成的三个部分中,最重要的是职业能力培训的师资。这部分师资不但在师资队伍中的比例要合理,而且质量要达标,要有较高的能力。如果担负职业能力培训的师资不足,能力不强,就不可能搞好职业教育。在章程中要明确能够承担职业能力培训的师资所占比例和对这部分师资的基本要求。

2. 突出实践

对担负职业能力培训的师资有具体要求，特别是要有一定的实际工作经历，这一点对于当前的高职院校难度不小。从相关资料看，欧洲国家，特别是德国技术学院的教师任用要具备两个条件：（1）博士学位；（2）至少 5 年以上博士后工作经验，其中至少 3 年以上校外实际工作经验。对比这一标准，高职院校符合要求的职业师资不多。作为发展中国家，有差距并不可怕，可怕的是差距无限期存在，需要在章程中明确对职业师资的要求，以逐步缩小与发达国家的差距。

3. 加强培训

目前高职院校的教师绝大部分来源于普通高校毕业的研究生。从实际教学效果看，来自普通高校的毕业生在文化知识和专业理论课程上完全能够胜任，有较好的教学效果。然而，由于普通高校缺少对学生职业能力的培养，完全依靠普通高校培养高职院校的师资是不可能的。从当前的实际情况看，大部分职业能力强的师资主要存在于实践中，而不在高校毕业生中。高职院校中担负职业能力培养的师资不可能简单地来源于普通高校，职业教育的师资可能要从实践中挖掘，也可能要依靠高职院校自己培养，这一点需要在章程中表明。

4. 专兼结合

职业师资中要有一定比例的兼职人员。高职院校不同于其他院校的使命是培养职业人才，职业培训的课程在高职院校特别重要，担任这部分课程的师资需要来源于行业、企业及高职院校自身，必须是职业的行家里手，要有丰富的职业工作经验，有高级职业从业资格。从教学特点来看，职业教育的师资应以职业能力为主，以教学效果为主，不能拘泥于学历、职称等。如在当前，利用电子商务创业的有一批 90 后的年轻人，这部分人虽然只有 20 多岁，其中有些还没受过高等教育，但其中一些开办的电子商务企业年销售额超过千万元。有些高职院校聘请这些 20 多岁的年轻人做兼职教师，讲课效果很好，学生们反映能够解决实际问题。从现实看，高职院校的章程中，在师资的内容上要有改革的精神，特别是对于兼职教师，更要不拘一格，只要在职业能力上有可取之处，就可以聘请，既不要考虑职称，也不要考虑学历。

（三）教学科研突出高职目标

高职教育具有与职业紧密结合的特点，办学需要与行业、企业密切联合，要为职业发展服务。高职院校的章程需要将这些定位凸显出来。在这方面，目前已有一定实例，如《宁波职业技术学院章程》规定，学院的办学定位是"立足宁波、面向浙江，以培养综合素质高、技术应用能力强、具有国际视野的技术应用性（型）人才为目标"。为此，"学校重视学生职业素质和职业能力的培养，推行'双证书'制度，学生要参加不低于半年的顶岗实习，探索校内学习与实际工作的一致性，校内学业考核与企业实践考核相结合"。这种明确在章程中提出办学特色的做法值得高职院校借鉴。高职院校在教学目标上与其他院校的不同点是，教学以提高学生的职业能力为中心。从这一目标出发，学生掌握知识和理论是重要的，但掌握知识和理论要为提高职业能力服务，要突出职业能力这个重点，在传授知识与提高职业能力发生矛盾时，教学要着眼于提高职业能力，目前，提高职业能力的最有效途径之一是在企业中培训。实践证明，高职院校学生如果缺乏在企业的培训，实际职业能力很难提升。在职业能力培养上，校企联合办学是最有效、最基本的途径，校企联合办学能为高职教学提供真实的职业环境，也能够更充分发挥兼职教师的作用。为此，在高职院校的章程中需要明确学校与企业的合作关系。关于科研，目前在高职院校中有不同的声音。有的院校提出要重视和大力开展有关职业发展的科研，做到科研与教学并重。也有部分高职院校提出，高职院校的重点是培养职业人才，科研不是高职院校的重点。对这一关系到学校发展的重要问题，高职院校需要依据本校的实际在编制章程中加以明确。我们认为，高职院校是我国大学的重要组成部分。大学的基本功能主要有三个：培养人才、创造知识和服务社会，高职院校也不能偏离这三个基本功能。但如何在章程中表述大学的三个功能，体现着有关人员对学校三项工作关系的认识。对此，首先需要明确的是，高职院校不是研究型大学，学术研究、基础研究不是高职院校的功能，更不会是重点，对于这一点，目前高职院校的认识是一致的。另外，高职院校又是高校，是服务于职业发展的高等教育机构，多数学校有较优的人才和设备条件。从目前的实践看，在科学技术日新月异的条件下，职业发展需要高职院校做好相关的科研工作，在一定的条件下，某些高职院校还可能成为职业科研的主力军，在所服务职业以小微企业为主的条件下，高职院校的科研有着更重要的意义。高职院校在发展中，不可能将教学与科研、服务截然分开，而需要有机结合。从我国目前高职院校的实际来看，如果学校没有一定的科研能力，则不可能结合现实，满足职业发展中教学的需求，也不可能为企业提供必要的服务，而高职院校没有服务，则科研就是无源之水、无本之木。高职院校的基本职能是服务于职业发展，仅有教学，没有一定比例的科研和服务，则既不可能完成高等学校的三项职能，也不可能搞好职业教育，必须将三者有机结合起来。从高职院校的使命出发，其科研活动必然密切联系职业发展，是为职业发展和提高服务的。在现代社会中，创新是发展的动力，科研是创新的源泉，行业、企业只有不断创新才能生存。作为服务于行业、企业的高职院校，科研必不可少。但高职院校科研的方向和内容与科研型、教学型高校又有明显的不同，从研究的内容看，科研分为三个层次，基础研究、应用研究和革新研究。作为最高端的基础研究，由于与职业发展有较大的距离，同时投入大、时间长，高职院校不宜参与。应用研究与行业、企业的发展联系较为密切，高职院校可以与行业、企业共同完成。革新研究则是针对职业中现实问题进行的研究，投入少、见效快，特别受到业内的欢迎，也可能以高职院校现有的师资及条件完成，是高职院校科研的重点，也是职业发展的重点内容。同时，高职院校还需要进行人文、社会科学等方面的应用对策研究等。总体来说，高职院校科研的成果可以不突出其学术水平，也不要求一定有较高的理论水平，但实用性要高些，要突出职业的需要。

二、个案研究——广州铁路职业技术学院章程

大学章程是推进大学治理体系与治理能力现代化的纲领性文件。广州铁路职业技术学院历来重视章程建设工作，早在2011年就制定完成了章程并报广东省教育厅进行了备案。2014年3月，根据教育部要求和省教育厅的统一部署，广州铁路职业技术学院作为广东省第二批章程制定院校之一，启动了章程修订工作。

（一）修订原则

（1）合法性原则——学院章程修订以国家法律、教育部规章为依据，合乎所有相关上位法的规定。

（2）规范性原则——学院章程文本按照规定格式行文，措辞严谨、内容明确、清晰易懂。

（3）特色性原则——学院章程修订既继承传统又彰显个性、突出特色，例如，学院理事会单独成节，校企合作、文化建设机制化，学术委员会组成及履责都具有自身鲜明特色。

（4）务实性原则——学院章程的所有规定做到操作性强、切实可行，例如，明确了党委会和院长办公会的议事规则与权责衔接和制衡。

（二）主要做法

广州铁路职业技术学院章程建设充分体现了四个"严"。

1. 组织严密

学院党政领导高度重视章程修订工作，统筹谋划、稳步推进。2014年3

月,学院出台了《章程修订工作方案》,成立了章程修订工作领导小组,由学院党政主要负责人担任组长,分管院领导担任副组长,领导小组成员由职能部门主要负责人组成。领导小组下设办公室,由院长办公室主任、党委办公室主任担任组长,组员由院办、党办等部门工作人员构成。

2. 程序严格

严格程序是确保质量的基础。在章程修订过程中,学院切实做好每个环节的工作,尽可能在最大范围内纳计纳言,使章程修订的过程成为师生员工凝聚共识的过程。在章程起草阶段,学院努力做好"宣传"与"学习"两大基础性工作。我院自章程修订之日起,就把集思广益作为章程建设的核心工作原则之一,全方位、立体化宣传章程:一是多媒介宣传。学院充分利用校园网、校报等各种媒介大力宣传章程修订工作,使章程修订人人皆知;二是多形式宣传。通过校园网的全程专题报道和多层次座谈会的一线交流,各方建言献策,使章程修订人人参与。通过广泛的宣传,将章程修订的过程化为广铁职院人认知章程、认可章程的过程。章程修订被评选为学院 2014 年十大新闻之一。"学习"就是深入学习国家法律法规和学院已有的文本。章程修订起草小组重点学习了教育部《高等学校章程制定暂行办法》《中华人民共和国高等教育法》《国家中长期教育改革和发展规划纲要(2010—2020年)》等相关的法律法规和文件;注重调研借鉴教育部、省教育厅核准高校章程制定的先进经验和做法,不断提高章程制定工作的质量和水平;同时对 2011 年的《广州铁路职业技术学院章程》进行了深入研究,吸其精髓,为章程文本的合法性、规范性、适当性打下了坚实基础。"章程"初稿形成后,章程修订领导小组对章程文本进行了逐章、逐条、逐款的细致研讨,反复修改形成《征求意见稿》。针对《征求意见稿》,一是召开了 4 场座谈会,开门立法,面向职能部门、教职工代表、学生代表、离退休教职工代表征集意见。二是召开专题研究会,修订领导小组、院长办公会、党委委员会对章程涉及的重大、重点问题多次进行专项研讨。三是严格审议程序,认真执行教代会、院长办公会、党委会的章程审议(定)流程。通过严格的程序,既确保了章程内容的科学性和可行性,也确保了章程修订的质量。

3. 内容严实

根据法律法规,学院对章程重大事项进行了顶层设计。《广州铁路职业技术学院章程》有序言和八个章节,101 条,内容除了全面覆盖高等教育法和《高等学校章程制定暂行办法》的规定外,重点阐明对学院依法自主办学过程需要解决的深化政校行企合作办学等重大问题。

一是明确了学院的精神理念。学院的办学理念、办学宗旨、发展目标以及校训、校风等精神层面的核心范畴,充分酝酿、广泛征求意见,达成共识后，在相关条款中加以明确。

二是明确了学院与外部的关系。一方面对学院与政府之间的关系进行明确的权责规约，强调学院的办学主体地位，明确政府对学院管理的责任与权利。另一方面明确学校与社会之间的关系，将学院理事会单独成节，重点突出和深化学院与行业、企业的密切合作，形成社会支持和监督学院发展的长效机制。

三是明确了学院的内部治理结构。明确了学院党委、行政、学术委员会、教职工代表大会、学生代表大会的职责和权限，构建了比较明晰的党委领导、校长负责、教授治学、民主管理的内部治理结构。同时，着重理顺了学术委员会与教学工作委员会之间的关系，明确了学术委员会的院内最高学术机构的地位，确保教授治学的落实。

四是构建师生权益保障机制。"章程"明确了师生的权利义务以及申诉救济等权利，彰显了师生在教育过程中的主体地位，特别是将"教职工"放置在第二章，从制度设计上保障了"以人为本"办学理念的贯彻落实。

4. 表述严谨

原章程共 10 829 个字，修订稿共 12 517 个字。一是在篇章结构上，增加了序言部分，对学院历史、现状和未来进行了精要概括；将原来第五章教职工提前至第二章，原来第六章学院与政府的关系提前至第三章；管理体制增加了学院理事会、学术委员会两节，将教学工作委员会并入学术委员会；办学活动这一章将人才培养与专业建设两节合并成人才培养一节，增加了文化传承与创新一节。二是文字上进行了调整、整合和提炼，删除了一些口号式内容，基本做到了简洁、通俗。

（三）主要特色

1. 坚持问题导向

《广州铁路职业技术学院章程》修订始终坚持使命引领、问题导向、创新驱动的指导思想，始终以《高等教育法》《高等学校章程制定暂行办法》《高等学校学术委员会规程》等法律法规为依据，以着力解决固化办学成果、理顺内部治理、保护师生权益等问题为抓手，充分体现自主办学和自我约束相结合、"规定动作"与"自选动作"相结合、历史传承与创新驱动相结合，强化二级管理，完善符合国情和校情的内部治理结构。

2. 凸显高职特色

当前教育部和广东省核准公布的高校章程都是本科院校的。高职院校的章程如何体现自身特色，是学院章程修订工作首先需要思考的问题。为体现高职院校章程特色，学院在三个方面进行了努力：一是凸显校企合作。将理事会单独成一节，充分调动广铁集团、广州地铁等行业企业参与学院治理的积极性。学院理事会在 2015 年 1 月召开了筹备会，明确由企业代表担任理事长。学院理事会得到了省教育厅、市教育局、市财政局等政府部门，以及广铁集团、广州地铁等行业企业的大力支持，挂牌成立工作正在有条不紊地推进。二是突出专业建设。专业建设是高职院校办学的核心，广州铁路职业技术学院充分依靠深厚的行业背景，在多年订单培养的基础上，大力推进现代学徒制试点，现已与大功率机车等 5 家企业签署合作协议。三是深化政企共建。明确深化广州市人民政府和广铁集团共建学院的体制机制。在专业特色学院、职教集团、重点专业、实训基地、协同育人中心、实习就业等方面政校行企四方联动，通力合作，打造协同育人新机制。

3. 纳入"创新强校"

学院把章程建设作为体制机制建设的重点内容，并将整体纳入了"创新强校"工程，高起点谋划，高标准建设，通过章程规划学院的未来发展目标，打造全国一流的优质高职院校。

第四章 我国高职院校内部治理结构存在的问题

第一节 我国公办高校内部领导体制的历史演进

我国高职院校的内部管理体制采用的是本科院校的领导体制。高校领导体制是其内部治理制度的重要组成部分。我国公办高校最高治理权威的变迁主要表现为党委和行政之间的权力配置变革。大致而言，可分为探索时期、改革时期和完善时期三个阶段。

一、探索时期（1949—1978年）

这一时期跨度相当漫长，从新中国成立以来一直延续到1995年《高等教育法》出台。这一时期我国公办高校最高治理权威变迁的最大特征是党委与行政的关系不确定，经常处于动态变化之中。有时强调行政领导的业务权威，有时强调党委的政治保障作用。

在20世纪50年代初期我国高校管理上采用苏联模式，实行校长负责制。1950年8月，教育部颁布《高等学校暂行规程》，规定大学及专门学院实行校（院）长负责制，并在校（院）长领导下设校务委员会。院校调整之后中央开始花很大力量选派很多久经锻炼的老干部进入高校，以加强党对学校工作的领导。当时党委机构在行政级别上只有处级，称为"政治辅导处"，负责全校的思想政治工作。业务工作都是在校长领导下完成，依靠原有的知识分子干部组织实施。1953年，根据中央对东北局《关于高等学校党的组织机构和专职党务干部的规定（草案）》的指示精神，高校先后成立党委会，它对党的方针政策和教学行政工作起保证监督作用，负责思想政治工作和党的建设。各校成立党员校长、党委书记及有关负责人组成的党的核心小组，党政之间互相帮助，密切配合。1956年苏共二十大之后，出现了"外行不能领导内行""老干部退出学校"等政治论调。为了保证马克思主义在高校的思想阵地，也为了进一步加强党对学校工作的领导，中央决定把学校领导体制由校长负责制改为党委领导下的校务委员会负责制。1958年，中共中央、国务院在《关于教育工作的指示》中明确规定："在一切高等学校中，应当实行学校党委领导下的校务委员会负责制。"党委领导下的校务委员会负责制中的校务委员会不同于校长负责制时期的校务委员会，后者只是一个咨询机构，成员包括正副校长，各系主任，党委和行政部门的主要负责干部，教师、学生、职员及各群众组织的代表人物，而党委领导下的校务委员会负责制是学校的主要决策和管理机构。党委治理权力扩大，不再只限于思想政治工作，而是全面领导包括教育改革在内的学校各项工作。1957年整风"反右"，红专大辩论以及1958年的"教育革命"都是在党委领导下进行的。但这种领导体制没有明确学校校长的权力，也没有明确系主任和教研室主任等行政负责人的权力，行政领导和负责人的作用被忽视了，积极性受到影响。因此，1961年9月15日，中共中央批准试行《教育部直属高等学校暂行工作条例》（即"高教六十条"）。条例规定，"高等院校的党委会，是学校的领导核心，对学校工作实行统一领导"，"学校中的领导权力集中在校党委，实行党委领导下的以校长为首的校务委员会负责制"。这一规定理顺了党政关系以及个人领导与集体领导之间的关系。

"文革"时期，革命委员会掌握学校领导权，原有的高校领导体制被完全否定。直到1978年革命委员会在高校的领导才告终止。此前和此后直至20世纪80年代的一定时期之内，党委领导权得以确立并不断得到加强。

二、改革时期（1978—1998年）

拨乱反正以后，根据1978年《全国普通高等学校暂行工作条例（试行草案）》，学校试行党委领导下的校长分工负责制。可是，邓小平在论述厂长负责制和校长负责制时，对原有的党委领导下的厂长负责制曾指出："经过长期的实践证明，既不利于工厂管理现代化，不利于工业管理体制的现代化，也不利于党的工作的健全。"在这种背景下，20世纪80年代中央曾经鼓励高校试行校长负责制，校长成为试点高校的最高决策权威。1985年《中共中央关于教育体制改革的决定》明确提出，"学校逐步实行校长负责制"，"有条件的学校要设立由校长主持的、人数不多的、有威信的校务委员会，作为审议机构"。"要建立和健全以教师为主体的教职工代表大会制度，加强民主管理和民主监督"。"学校中的党组织要从过去那种包揽一切的状态中解脱出来，把自己的精力集中到加强党的建设和加强思想政治工作上来；要团结广大师生，大力支持校长履行职权，保证和监督党的各项方针政策的落实和国家教育计划的实现；要坚持用马克思主义教育广大师生，激励他们立志为祖国的富强奋勇进取、建功立业，保证学生德智体的全面发展，使学校真正成为抵御资本主义和其他腐朽思想的侵蚀，建设社会主义精神文明的坚强阵地"。这一决定鼓舞了行政领导干部的热情。有的高校校长认为，校长负责制应该是校长全面领导，而不是校长领导教学、科研和行政业务，党委领导思想政治、道德品质教育工作。党委应该摆脱事务行政，集中精力做党的自身建设工作，并对学校工作中是否正确地贯彻执行了党的方针、政策等进行监督、调查研究，及时发现问题并予以纠正。

1989年8月，中共中央下发了《关于加强党的建设的通知》。通知要求："高等学院实行党委领导下的校长负责制，试行校长负责制的范围不再扩大。"1990年，国家教委工作会议进一步指出："高等学校原则上实行党委领导下的校长负责制，党委要担负起把握学校社会主义方向和对学生思想政治工作全面领导的责任；同时要充分发挥校长在管理和学校思想政治工作中的作用。"至1992年，各高校除清华大学、北京航空航天大学等少数几所大学继续试行校长负责制外，大部分均实行党委领导下的校长负责制。

三、完善时期（1998年至今）

1998年，《高等教育法》出台，明确规定我国高校实行党委领导下的校长负责制。至此，高校党委与行政领导之间的关系以法律的形式确定了下来。尽管不时有言论和研究对治理结构提出改进意见和建议，但中央的态度很坚决。况且这一领导体制已在法律中明文规定，任何改革都必须通过修改法律才能实现，而修改法律没有制定政策或发布《通知》等那么简单。这一时期国家针对高等教育和高校的各种改革政策出台比较频繁，高校合并、扩招、"985""211"工程建设、高校收费改革等政策的密集实施，也使得高等教育领域争论热点转移。在上述政策导向下，很多高校致力于内涵发展，高校领导体制问题相对冷却，也是搁置争论的原因之一。

当高校合并、扩招、收费制改革等逐渐尘埃落定，人们也逐渐适应这种变化之后，高等教育质量问题成为摆在政府、高校以及每个利益相关者之间的难以回避的问题。"我国高校为什么培养不出拔尖创新人才"的"钱学森之问"，刺激着每一个关心和了解高等教育乃至中华民族未来命运的人的神经。制度改革被视为教育发展的动力，高校领导体制改革再次成为人们关注的焦点。但鉴于我国国情，必须坚持党委领导下的校长负责制这一基本制度，如何进一步完善这一制度将成为今后改革的重点。

总之，新中国成立以来，我国高校领导体制基本上经历了校（院）长负责制—党委领导下的校务委员会负责制—革委会（"文化大革命"时期）—党委领导下的校长分工负责制—校长负责制—党委领导下的校长负责制等几个阶段。从这一变迁中可以看出，我国高校领导体制长期以来的矛盾是党委系统和行政系统的矛盾、个人负责和集体决策的矛盾。而且历次改革文件的出台都是在实践已经开始之后，表明学校层面按照教育规律办事的内在需求、适应国家社会经济发展对高教领导体制改革的需要与国家的政治需要之间的矛盾长期存在，各种力量的博弈始终处于一种此消彼长的状态。直到1998年《高等教育法》以法律的形式确认我国高校领导体制是党委领导下的校长负责制，这种争论才有所平息。但《高等教育法》中的规定过于原则，现实中有很多问题仍然难以界定，如党委应当如何领导，校长应该如何负责和对谁负责，二者权力的边界应如何掌握等问题，在高等教育法中并没有详细的规定。近年来高校法人治理结构改革呼声日益高涨。《国家中长期教育改革和发展规划纲要（2010—2020年）》中明确提出"完善治理结构。公办高等学校要坚持和完善党委领导下的校长负责制。健全议事规则与决策程序，依法落实党委、校长职权。完善高校校长选拔任用办法。充分发挥学术委员会在学科建设、学术评价、学术发展中的重要作用。探索教授治学的有效途径，充分发挥教授在教学、学术研究和学校管理中的作用。加强教职工代表大会、学生代表大会建设，发挥群众团体的作用"。由此确定了未来十年我国高校领导和治理体制改革的重要方向。当前我国公办高校领导体制的主要特征有：

（1）党委是学校的最高治理权威，其对学校的领导是全面领导，而不仅仅限于是思想政治和党务工作。

（2）校长是学校的法定代表人，全面负责本学校的教学、科学研究和其他行政管理工作，其职权主要是执行党委会的决定，对学校进行日常管理和战略管理。

（3）无论是党委的领导，还是校长的领导，它们的决策方式都是民主集中制，即集体领导与个人分工负责相结合的制度。党委除常委会和全委会以外，书记办公会是主要的决策和议事机制。校长办公会议或校务会议则是校长议事和决策的主要机制。

（4）无论是党委和校长之间，还是校长和副校长之间，其权责关系都是直线式、单向度的。校长必须接受学校党委的领导，但并不对党委负责，党委领导校长，但没有任免校长的权力。校长有权依照《高等教育法》推荐副校长人选，但这种推荐程序并不一定是必需的。无论是党委书记，还是校长，都没有任命或免除副书记或副校长职务的权力。

第二节 我国高职院校内部治理存在的问题及原因

我国高职院校内部组织结构，在横向上分成三块：党委领导下的校长负责制的行政机构，负责行政决策、教学管理等工作，主要问题是党政职能划分不清；学术自治组织，负责高职院校的学术事项，但是法律没有规定学术委员会的独立地位，导致在实践中受到行政权力的干预，学术权力和学术自由受到制约；教代会和学生社团，这是体现大学自治和民主参与的制度。但是在参与上和作用的发挥上，仍受到很大的制约，在法律制度中的地位和层次比较低，难以对行政权力形成制约和监督。

一、我国高职院校内部治理存在的问题

（一）学术权力小于行政权力并且继续弱化

高职院校的行政化作为一项传统由来已久，并且行政化倾向愈演愈烈，学校各级领导和行政机构都有相应的行政职务，官本位思想影响深远，使得学术权力相对于行政权力而言处于从属地位，高职院校很多领域中都出现了行政权力主导甚至代替学术权力的现象，少数行政领导不仅对学校各项重大事务具有决定权，而且对学术事务也具有决定权，造成了以教师为主体的学术权力受到严重的伤害，并且从发展趋势上来看学术权力的弱化还在进一步加强，这种状况不利于高职院校按照教育规律办学。

（二）行政权力与决策权力界限模糊

党委领导下的校长负责制在一些高职院校的实际应用中，演变成了党委书记决策校长担责的一种尴尬局面，造成了党委领导与校长负责的界限混淆与模糊不清，以党代政、党政不分的局面导致了很多高职院校在治理上呈现出运转不畅的状态。校一级行政权力与决策权力的模糊在院系级和其他内设机构中得到了传承、复制和放大，职能交叉、权责不明、多头管理、无人负责的现象屡屡出现，决策领域中行政与党务系统的不协调不仅造成了管理混乱、效率低下，而且还严重浪费了学校资源，致使相关政策不能得到很好的

贯彻落实。

（三）监督权严重缺失

很多高职院校的教职工代表大会作用非常有限，其监督作用已沦为一种形式上的监督，而缺乏实质内容和相应的效力，教职工代表大会的人员构成很多都具有教师和管理者的双重身份，使得教职工的意志很容易在形式上和程序上转变为校级领导的意志，因此很多时候因人数比例限制教职工的意见而不能在程序上上升为教职工代表大会的意见，因而相应的监督力度实际上非常微弱；学生会作为学生自治的组织其人员流动频率非常快，代表聚集的机会又少，因而就很难形成涉及学校事务的一致性意见，因而其履行职能的能力也很弱，对学校相关事务的监督也就无从谈起。

二、存在问题的原因

（一）制度缺位使得政府行政干预过多

国家关于高职院校发展的相关政策、法律地位认定、人事组织编排、领导任命等一系列规定对于高职院校内部治理结构的权力制衡有着直接或间接的影响。尽管法律认可高职院校有独立的法人地位和相应的民事行为能力，但实际上高职院校的自主权只是名义上的，其控制权仍掌握在教育主管部门和其他政府机构手中，政府掌握着高职院校的资源配置权，高职院校的最高权力部门和行政部门更倾向于追求对政府的负责，而忽略对社会、教师、学生的责任，从而导致学术权力在学校的弱化以及行政本位的固化，民主监督和民主治校也就成了空谈。

（二）现代大学理念缺失或异化

大学自治、学术自由、教授治校等现代大学理念是支撑大学发展的核心与根基，同时也是促进大学经久不衰的主要精神动力。我国高职教育起步较晚，相关的定位和取向还不够明确，对于现代大学理念的理解和落实还都处于初级阶段，缺乏滋生和助长现代大学理念生长的土壤和相应的文化传统，相反几千年的传统文化所形成的官本位思想影响深远，再加上市场经济的冲击和多元化价值观的影响，都导致了高职院校现代大学理念的缺失或异化，反映了在治理结构上存在一系列问题。

第五章　我国高职院校内部治理现代化的标准与路径

高职院校内部治理结构的总体构想，建立高职院校内部治理结构的具体模型，形成高职院校内部治理的框架体系和实现路径，重点对行业组织参与高职院校内部治理的途径与形式、高职院校理事会的组成与运行、校企合作学院的功能与运行机制等高职特色治理模式进行探索，构建现代高职院校内部治理结构体系。制定并完善高职院校的章程，明确制定程序和具体内容；通过章程，确定建立以党委为主导的理事会决策体制，以校长为枢纽的专业委员会执行体制，以政府、高职院校和行业企业组成的监督反馈机制，具体包括：改革高职院校党委会由校领导组成的构成方式，适当增加党员教师与中层干部名额，分散权力；明确高职院校校长的产生方式、权力构成与行使方式；高职院校理事会的组成与运行、校企"合作学院"的功能与运行机制；高职特色学术委员会的组成及运作模式；明晰教职工及教职工代表大会应有的权利与义务等。高职院校内部治理结构改革的路径要选择政府主导型的循序渐进式改革路线。

第一节　高职院校内部治理现代化的内涵及标准

一、高职院校治理能力现代化的内涵

依据对"治理"以及"现代化"等相关概念的理解和认识，"高职院校治理能力"是指高职院校统筹相关治理主体、处理各种主体关系，实现高等职业教育事业发展进步的水平与质量。"高职院校治理能力现代化"是指高

职院校治理体系和治理能力适应现代社会发展要求的进化过程，具体来说是以高职院校治理体系为依托，借助制度、机制、政策、技术等因素，促使高职院校多元治理能力保持协调进步、务实高效的一种趋向与动态过程。高职院校治理能力现代化的内涵具体体现在三个方面：规范的制度、合理的结构和充分的绩效。其中，规范的制度是基础，合理的结构是支柱，充分的绩效是特征。

（一）以规范的制度为基础，能有效处理不同相关利益主体的关系

建构旨在使政府、职业学校及教师、行业企业、学生及家长等各职业教育参与者的责任与权利划分更加清晰明确。高职院校治理能力的现代化首先表现以规范的制度体系为基础，借助成熟的制度、体制、机制等因素，有效梳理高职院校与政府、市场、行业企业（社会）、学生及家长等各种关系。

1. 处理好政府与高职院校的引导、调控关系

现代政府更多的应是一种有限政府，服务型政府，要有所为有所不为，应是一个"掌舵者"而不是"划桨者"。政府要适度放权并舍得放权，应更多地运用法律法规、政策、标准、公共财政的信息服务等手段，对高职院校进行宏观调控与引导，由办高职院校向管高职院校转变，由微观管理走向宏观管理，由直接管理走向间接管理，由教育管理走向教育治理，从政府办职业教育转向政府管职业教育。

2. 处理好行业企业与高职院校的指导与战略合作关系

对接产业、产教融合、校企合作是加快现代职业教育体系建设与发展的核心问题。行业企业不仅是职业教育的重要参与主体，更是职业教育的重要办学主体，企业举办或者参与举办，或者参与职业教育的教学过程。在治理结构方面，行业企业与高职院校是一种指导与战略合作伙伴关系。行业组织负有发布行业人力资源需求预测、推进校企合作、参与指导职业教育教学、开展质量评价、定期发布行业就业状况等职责。健全行业企业参与制度，充分发挥行业企业重要办学主体、投资主体、培养主体、管理主体和评价主体作用，给予政策支持并强化服务监管。

3. 处理好市场、社会与高职院校的引导适应关系

职业教育发展正处在质量提升与内涵建设、加快发展现代职业教育、积极构建现代职业教育体系的新阶段，市场在资源配置中发挥着更加重要的作用。在市场对资源配置起基础性作用的体制下，高职院校所提供的专业与课程、所培养的人才、所创造的科技成果，最终都要接受市场和社会的检验。市场与社会是主要的评价主体，其评价方式也呈现出多元化态势，高职院校

必须及时调整办学理念、办学方式和培养模式等，主动适应市场与社会的需要。

4. 处理好学生及家长与高职院校的教育契约关系

从法律关系角度来说，高职院校收取学生学费及其他相关费用，并为此向学生提供教育服务，输出教育产品进入市场。从一定的意义上讲，学生（家长）与高职院校之间的关系更多的是一种契约关系，高职院校与学生及家长之间应是平等主体之间的法律关系。在教育法上称之为教育契约关系。这种教育契约关系要求在法律关系中明确高职院校的有限责任，确立学生的权利主体地位，扩大学生参与的权利，最大限度地回应学生合法及合理的利益诉求。

（二）以治理结构为支柱，能充分协调不同权力的均衡配置

高职院校治理结构以"权力"的合理配置与运行为核心，其权力类型的多样化和分散化、利益主体的多元化和复杂化、组织结构本身的松散性，决定了高职院校难以按照某一种权力方式来进行治理，需要通过松散化管理来达成相关利益主体之间的权力制衡。所以，高职院校治理能力现代化也表现为通过高职院校治理体系的建设，内部治理结构得以优化，多元治理能力保持协调进步，努力使各个治理主体到位而不越位，有为却不乱为，并实现行政权力有力、学术权力有位、民主管理监督权力有为及行业企业参与权力有效。行政权力有力，意味着党委的政治领导权和校长的行政领导权协调，党政分工合作、协调运行的工作机制健全，党委集体领导和党政主官分工负责之间的关系顺畅，集中讨论、专家论证、群众参与的行政决策机制完善，各项决策执行有力，各项工作执行到位。学术权力有位，意味着能够正确处理行政权力与学术权力的关系，遵循学术规律，尊重学术自由、学术平等，赋予学术群体参与学校管理与决策的权力，以学术委员会为核心的学术管理体系与组织架构健全，学术委员会能独立统筹行使学术事务的决策、审议、评定和咨询等职权，其在专业建设、学术评价、学术发展和学风建设等事项上的重要作用得到充分发挥。民主管理监督权力有为，意味着教代会、学代会工作制度以及教代会代表旁听学校重大决策性会议的相关制度完善，教职工依法行使民主权利，履行民主管理、民主监督职责明确，教职工知校情、参校政、议校事、督校务的权力，学生发展权、民主权、知情权、困难帮助权、批评建议权等实体性权利和申辩、申诉权以及权利救济权等程序性权利等，得到充分保证，师生参与学院管理与建设的积极性、主动性得到全面释放。行业企业参与权力有效，意味着行业企业参与高职院校治理机制健全，参与治理的形式多样，行业企业能有平台、有机会，并能制度化地参与高职

院校行政决策、行政管理、学术事务、质量保障及监控等一系列实质性活动，行业企业的咨询、协商、议事与监督作用得到充分发挥，行业企业有效参与高职学院治理真正落到实处。

（三）以充分绩效为特征，能全面实现各项事业的健康发展

高职院校治理能力现代化是以建立高效运作的制度体系为核心，以提高制度的整体治理绩效以及提高高职院校竞争力为目的，它摒弃的是过去那种低效率的粗放式发展模式，着眼的是各项事业的可持续发展。高职院校治理能力的现代化意味着高等职业教育迅速发展的事业规模应逐步转向对高等职业教育事业可持续发展的关注、对高等职业教育发展规律的探究、对区域经济社会发展和人的全面发展诉求的适度满足、对高等职业教育各方利益相关者诉求的迎合，在效率基础上更加关注公平，并统筹考虑经济与效能等价值取向。高职院校治理现代化将为高职院校的发展提供整体性、全面性、系统性的发展战略，统筹解决现代化进程中的不均衡、不协调问题，最终形成一个局面，即让高职院校内部的一切劳动、知识、技术、管理、资本的活力竞相迸发和让其内部的一切创造社会财富的源泉充分涌流的局面。

二、高职院校治理现代化的标准

标准是丈量事物的尺度，是衡量和比较事物与事物之间异同的标识。由于现代化是一定时期、一定条件的现代化，是相对的、也是发展的，衡量现代化的标准就不是绝对的，而是相对的。再加之现代化是一个社会发展程度的综合性反映，那么，衡量现代化的标准也应是综合性的。高职院校治理能力现代化不是一个简单的定性或定量能够判别的，它需要用定性与定量指标有机结合去概括和把握。具体来说，以下几个方面能够体现高职院校治理能力现代化的发展趋势以及发展程度。

（一）治理主体的多元化

高职院校治理能力现代化的第一个标准是治理主体的多元化。治理主体的多元化强调多元合作治理，共同发挥政府、学校、市场、师生、行业企业（社会）的作用。当代经济、社会发展及教育变革不仅使高职院校治理变得更为复杂，还在很大程度上改变着高职院校的治理方式，而且更加凸显了高职院校治理主体多元化的特征。高职院校治理，已不仅仅是学校党政领导班子的责任，而是更广泛、更多元的主体责任。高职院校必须进一步合理放权和分权，让各类不同治理主体在高职院校治理中发挥更大的作用，从一元单向治理向多元交互共治，做到党政组织的领导与多元主体参与各类事务管

理的统一，构建"党委领导、校长负责、教授治学、民主管理、社会参与"的现代高职院校治理结构。在学校内部科学设置机构和有效配置职权，建立健全决策、执行、监督既相互制约又相互协调的权力结构和运行机制，实现决策相对集中、执行专业高效、监督有力到位。

（二）治理制度的体系化

高职院校治理能力现代化的第二个标准是治理制度的体系化。高职院校治理现代化的过程，也是现代高职院校制度建设的过程。在新旧体制转换中，现代高职院校制度的变迁是高职院校治理能力现代化最根本的标志。高职院校治理能力现代化，具体表现为以章程建设为核心，以人才培养、科学研究、社会服务和文化传承创新等四大领域的制度建设为重点，把制度建设与高职院校治理能力结合起来，做到以体系化的制度优势证明高职院校发展模式选择的正确性和可行性，以体系化制度的理性来弥补人性以及人能力的局限与不足，以体系化的制度力量为高职院校各项事业的发展提供坚强保障，以体系化制度权威凝聚改革的共识和力量，以体系化的制度文明为良法善治提供前提基础，以体系化制度兑现履行神圣和庄严的责任承诺。明晰制度伦理，提升制度体系的整体功能，不断完善和发展民主监管制度，构建有效制约和监督权力运行的制度，能从根本上提升制度的执行力，增强制度的有效性。

（三）治理方式的民主化

高职院校治理能力现代化的第三个标准是治理方式的民主化。高职院校党委和行政班子是高职院校各项工作的有效组织者，除了应具备坚强的领导力，发挥核心领导作用外，更需要具备强有力的履职能力，其中民主、科学的决策能力，是第一位。在当前信息多元、大数据时代，如何对事关学院发展的重大事宜做出科学、客观、准确的判断与决策，考验着一所学校党委和行政班子的智慧和能力。具备和实现决策能力的民主科学化，是高职院校治理能力现代化的重要内容和要求。这就要求高职院校治理在决策体系建设中，不断创新和完善行政决策机制，努力建立与市场化、社会化、信息化、民主化发展趋势相适应的现代决策机制，充分发挥教代会的作用，开辟听取广大教职工意见或建议的渠道。尤其是一些专业性强、技术性强的重大事项，要开展专家决策咨询、技术咨询、决策评估等方法和手段，积极探索互联网、社交媒体、大数据等现代技术手段在高职院校决策中的应用，全面提高决策的科学化和民主化水平。

（四）治理手段的多样化

高职院校治理能力现代化的第四个标准是治理手段的多样化。高职院校治理能力的现代化，应该是教学、科研、社会服务和文化建设等在内的全面现代化，是一个有机的、协调的、动态的和整体的系统。高职院校处在我国政治、经济、社会、文化的大环境中，经济、社会发展的任何重大举措或由此带来的重大变化、重大事件和重大趋势，对高职院校来说都具有明显的传导效应。因此，如何从国家乃至全球的广阔视角出发，高度关注政治、经济、社会运行的基本态势，采取灵活有效的手段，发挥应有的宏观调控作用，选择自己的发展战略和发展模式，是高职院校治理必备的能力，也是高职院校治理能力现代化的突出表现。而这种强有力的调控力，应该突出协调统筹的特征。一方面，从调控手段上看，要应用行政、经济、法律、科技、道德等多种手段，以获取最佳调控效果。另一方面，必须强化全局意识，不断改进和提高洞察全局、谋划全局、指导全局的思想方法和工作能力，立足全局思考问题、谋划工作，把学校的教学建设、科研建设、社会服务能力建设、文化建设一同规划，一同部署，协调好改革、发展与稳定的关系，最大限度地降低政策调整的风险与成本，促进学校各项事业的协同发展。

（五）治理环境的协同化

高职院校治理能力现代化的第五个标准是治理环境的协同化。实现政府、市场、高职院校、社会（行业企业）四个基本领域力量的相对均衡、相互适应、相互协作，才能真正达到高职院校治理能力现代化的状态和目标。这说明，高职院校治理能力现代化，要求高职院校的主办者（即政府）必须具备或拥有一种政策引导和社会协同的能力，全面激发各类社会主体的积极性和创造力，让市场、社会（行业企业）等多元力量都参与高职院校治理实践，实现不同领域力量的均衡、功能的互补、利益的互惠。这种协同能力的强弱，是由政府与其他主体之间关系所决定的。唯有通过政府职能的不断转移，使政府与市场、政府与学校、学校与行业企业之间形成真正的协同关系，从而走向互动的制度化、长期化、长效化，以便实现政府引导与市场调节、行业企业参与治理的良性互动，这样才能保障高职院校主动适应市场和社会需要，走上良性发展的轨道。

第二节 高职院校内部治理现代化的构建路径

一、办学理念现代化,树立法治思维

高职院校内部治理现代化,首先办学理念、法治思维是基于法治的固有特性和对法治的信念,认识事物、判断是非、解决问题的思维方式。法治思维是法律思维的"升级",是规则思维、权利义务思维、程序性思维、权衡思维、建设性思维的统一。

(一)树立法治信仰

职业教育法治化,归根结底是作为主体人的建设与发展。与法律思维相比,法治思维不仅强调对法律原则规则的认知与应用,也强调对法治价值的认同和信守;更重要的在于,法治思维还强调将法律原则规则、精神价值内化为自身的行动自觉与自信。法治信仰是基于对法治油然而生的神圣情感,是对法治发自内心的认同与遵从。信仰法治首先内心要敬畏法治,树立法治至上的理念;同时行为上要践行法治,真正把法治作为工作的准则、指南,形成职业教育办学依法、遇事找法、解决问题用法、化解矛盾靠法的良好法治环境。

(二)提高法治素养

首先,职业教育办学者要学习职业教育法律制度,同时要学习法治原则、原理、精神,重点掌握法律的授予权限、执法程序、法律责任等,提高依法办学的素养。其次,要加强法律逻辑训练,法律逻辑推理是运用法治原理和法律规定,对社会问题、案件进行分析判断、综合推理,并得出相应结论或者提出解决办法的思维过程。在职业教育办学过程中,想问题、做决策、办事情,就是依法办事,有法律规定,遵循法律规定;无法律规定,遵循法治原则。再次,还要注重法治实践锻炼,在解决职业教育问题中运用法治原则、规则思考解决问题,从而提高从法治层面解决问题的能力。

二、治理手段现代化，构建完善的制度体系

所谓治理体系，是进行有效治理的、紧密相连的、相互协调的一系列制度体系，它涉及各相关领域的体制机制、法律法规安排。所谓治理能力，是某组织运用制度或机制管理组织各方面事务的能力，即制度执行力。治理体系和治理能力是一个相辅相成的有机整体，有了好的治理体系才能提高治理能力，提高治理能力才能充分发挥治理体系的效能。加强高职院校治理能力建设，提升高职院校治理能力，首先要制定凸显学校办学特色的章程，健全学校内部各项规章制度，推进整个规章制度的体系化，构建以章程为"母法"，以规章制度为"子法"的现代高职院校治理制度体系，从根本上实现以制度治校，以治理体系管理学校的各类事务。

（一）依法制定体现高职特色的高职院校章程

高职院校章程是体现高职教育特点的现代大学制度的顶层设计，是建设现代高职院校制度构架的核心要素，是实现高职院校治理体系和治理能力现代化的根本保障。可以这么说，高职院校章程是高职院校内部的"宪法"，章程上承国家和地方政府法律法规，下启学校规章制度，是明确高职院校内外部权利义务关系、促进学校完善内部治理结构的重要载体，是具有一定法律效力的治校总纲领。各高职院校应成立章程建设工作领导小组、章程建设咨询委员会和章程起草小组。以《高等学校章程制定暂行办法》为指导，遵循合法性、民主性、前瞻性、个体性与可操作性相结合的原则，结合各自办学传统和所处的行业特点等实际情况，广泛征求校内外职教专家、行业企业代表、广大师生、校友、兄弟院校等意见，经深入研究讨论后，将自己正在做、能够做和应当做的事项以学校"母法"的形式规定下来，满足自身现实和长远发展需要。

（二）建立健全与章程相配套的规章制度体系

高职院校章程是高职院校的"宪法"，它为高职院校内部的高效治理提供了基本原则。但要使章程能够"落地"，要利用章程推动整个学校科学、民主、规范、高效地运转，还必须有完善的制度与之相配套，从而实现章程与学校制度间由原则层面到操作层面的良好衔接。章程确定后，各学校应该认真贯彻落实章程的各项规定，以章程来统摄其他各项规章制度的调整、修订和补充工作，通过继、废、改、立等方式，完善教师管理、教学管理、学生管理、科研管理、安全管理、财务与资产管理、后勤管理、校办产业管理等一系列规章制度，建立与各自学校所处特定背景和服务面向相适应，切实

符合高素质技术技能人才成长的规律、特点的各项规章制度,构建彰显高职教育特点、符合学校办学特色的内部管理制度体系。

三、治理结构现代化

高职院校治理结构包括外部治理结构和内部治理结构。外部治理结构主要指高职院校与政府之间的权力分配与制度安排。内部治理结构主要指高职院校内部利益相关者之间的权力分配与制度设计。高职院校治理结构以"权力"的合理配置与运行为核心。高职院校是大学的一个特殊类型,其权力类型的多样化和分散化、利益主体的多元化和复杂化、组织结构本身的松散性,决定了高职院校难以按照某一种权力方式来进行治理,需要通过松散化管理来达成相关利益主体之间的权力制衡。要加强高职院校治理能力建设,提升高职院校治理能力,就需要优化高职院校内部治理结构,实现相关利益主体之间的权力均衡配置。

(一)落实党委领导下校长负责制

党委与校长在高职院校治理中都属于领导层面的权力主体,在学校事务管理中具有相应决策权,但是二者在职权分工上应当具有一定的差异性,党委的权力属于政治领导权,校长的权力属于行政领导权。根据《中华人民共和国高等教育法》中的定位,在高职院校管理实践中,党委的领导权力主要体现在宏观战略决策、对学校改革和发展中重大事件的决策上,其具有的是对重大事件的决策权;校长主要负责学校的教学、科学研究或技术推广与服务及其他具体行政管理工作,校长作为法人代表,其权力是执行决策的行政权。从本质上说,党委与校长的两种权力并不存在根本冲突,即都是为高职院校的健康发展而管理。在各种权力关系安排上,首先要旗帜鲜明地将"党委领导下的校长负责制"作为基本制度予以坚持,坚持党委的领导核心地位,保证校长依法行使职权,建立健全党委统一领导、党政分工合作、协调运行的工作机制,合理确定领导班子成员分工,明确工作职责,理顺党委集体领导和党政主官分工负责之间的关系,把党委领导和分工负责有机地结合起来。

(二)充分发挥学术委员会的作用

高职院校是一个按知识(技术)与学科(专业)逻辑组织起来的学术机构。在高职院校内部,行政权力和学术权力都有其存在的合理性,不可互相取代。从高职院校行政权力与学术权力相互关系看,行政权力的有效必须要建立在学术权力有效的基础上,行政权力是为了更好地保障学术权力的发挥。在当前高校工作中，学术机构职能的发挥是一个相对薄弱的环节。正确处理行政权力与学术权力的关系，就必须遵循学术规律，尊重学术自由、学术平等，赋予学术群体参与学校管理与决策的权力。高职院校可以参照教育部 2014 年 1 月颁布的《高等学校学术委员会规程》，健全以学术委员会为核心的学术管理体系与组织架构；完善学术管理的体制、制度和规范；设立校级学术委员会，制定学术委员会章程，具体明确学术委员会组成、职责，以及委员的产生程序、增补办法；依据章程召开学术委员会，统筹行使学术事务的决策、审议、评定和咨询等职权，发挥其在专业建设、学术评价、学术发展和学风建设等事项上的重要作用；尊重并支持学术委员会在其职责范围内独立行使职权，并为学术委员会正常开展工作提供必要的条件保障。

（三）高度重视民主管理、监督权的建设

高职院校的民主管理和民主监督是我国基层民主政治建设的重要组成部分。高职院校治理机制中民主参与管理权是体现民主权利，保护学生、教职工合法权益的重要途径。教代会作为高职院校法定组织结构之一，是依据治理过程中最重要的权力制衡原则，让治理的权力之间、利益之间、职能之间，能够相互制约，达到平衡。教代会是高职院校管理体系中的重要组成部分，是教职工依法行使民主权利，履行民主管理、民主监督职责的基本制度与形式。高职院校教代会有对校长工作报告、学校发展规划等重大问题的听取审议权；有对与教职工相关的基本规章制度的审议通过权；有对有关教职工的集体福利事项的讨论决定权；有对学校各级领导干部的民主评议权。教代会是教职工和学校之间的纽带与桥梁，不仅保障教职工充分行使各项民主权利，同时，也使学校的重大决定得到广大教职工的认可。因此，要正确认识教代会在高职院校治理结构中的地位和作用，进一步完善教代会具体工作制度，定期召开教代会，积极探索教代会代表旁听学校重大决策性会议的相关制度，充分发挥教代会的民主管理学校的职能，让教职工知校情、参校政、议校事、督校务。与此同时，高职院校要高度重视和发挥以学生为主体的学代会的作用，定期召开学代会，充分调动学生参与学校管理与建设的积极性与主动性。健全和完善学生倾听日制度、学生申诉制度，最大限度地回应学生合法合理的利益诉求，明确学生的发展权、民主权、知情权、困难帮助权、批评建议权等实体性权利和申辩、申诉权以及权利救济权等程序性权利。

（四）创新行业企业有效参与治理的形式

政校行企多元主体协同育人是职业院校办学特色。行业企业参与程度是

衡量高职院校治理结构完善与否的最重要指标。建立健全行业企业参与高职院校治理机制，关键就是要保证行业企业能有平台、有机会，并能制度化地参与高职院校行政决策、行政管理、学术事务、质量保障及监控等一系列实质性的活动。为此，高职院校要按照"市场导向、利益共享、合作共赢"的原则，与行业企业、科研机构、社会组织联合组建职业教育集团，探索建立基于产权制度和利益共享机制的集团治理结构，健全联席会、董事会、理事会等治理结构和决策机制；探索与行业知名企业深入合作，成立混合制二级学院，设立有关企业代表参加的理事会（或董事会），建立校企共同治理的办学机制，从根本上保证行业企业发挥咨询、协商、议事与监督作用，使行业企业有效参与学院治理真正落到实处。

四、内部运行机制现代化

治理不同于管理，更有别于以往的统治和管制，治理活动涉及范围更加宽泛，不仅包含自上而下的统治、管理，而且更强调方方面面的"共治"。但治理离不开管理。在学校领域，治理可理解为学校管理方式、制度和机制等的总称。要加强高职院校治理能力建设，提升高职院校治理能力，必须健全学院行政决策机制，完善责权利明晰的内部管理和执行体系，加强监督体系建设，真正建立起决策、执行、监督三者相对分离、相互制约、相互合作的内部运行机制和执行体系。

（一）进一步健全和完善行政决策机制

决策是行政行为的起点，规范决策行为是规范行政权力的重点。正确决策是各项工作成功的重要前提，行政决策的质量，不仅在于决策者的智慧和能力，亦取决于良好的决策机制。因此，高职院校应该建立和完善行政决策机制，必须把集中讨论、专家论证、群众参与等确定为重大行政决策的法定程序，确保决策制度科学、程序正当、过程公开、责任明确。具体来说，高职院校应该健全党委议事制度、院长办公会议事制度和党政联席议事制度，坚持民主集中制，严格遵守重大决策集体讨论制度，凡属重大决策、重要干部任免、重要建设项目安排和大额度资金的使用等，严格按规定的程序和原则进行表决；专家和专业咨询机构具有专业性、技术性强的优点，是推进科学决策的主导，因此，要认真落实"三重一大"问题决策前实行审议咨询的制度，充分发挥以教授为主体的专家组织的审议、咨询功能。群众参与决策既是决策科学化的保障，也是决策民主化的体现，因此，要开辟听取教职工意见或建议的渠道，全面提高决策的科学化、民主化水平。

（二）健全责、权、利明晰的内部管理和执行体系

明晰管理层级中的责、权、利，是强化一个单位内部管理各层级执行力的关键环节和前提保障。责、权、利越明晰，三者之间的结合越合理，各管理层级的积极性才能发挥得越好。为此，高职院校要坚持"明晰关系、明确职责、规范权限、加强管理、强化服务"的原则，以精简机构、划清职能、活化机制、激发潜能、提高效能为目标，突破传统的垂直管理模式，按扁平化组织模式对专业建设、教学运行、科研培训、服务保障等常规管理事务进行整合，开展机构再造、职责再造和流程再造，优化内部管理体系。依照按级负责、分层管理的精神，建立和健全院系（部）两级管理制度，清晰地界定系（部）的职责范围和作用领域，明确系（部）的责任，下放管理权限、下移管理重心，授予系（部）相应的管理权，强化系（部）的教育教学中心地位，充分赋予其在专业建设、师资队伍建设、人才培养、内部分配等方面的自主权，建立起责、权、利相一致的管理体系，理顺学院和系部的财权与事权关系，防止权力过分集中、职能重叠等现象，做到既能发挥学院的调控作用，又能激发系（部）的办学活力。

（三）加强监督体系建设

健全的监督体系是制度得以认真执行、落实的重要保证。高职院校要加强纪检监察组织建设，发挥纪检监督工作小组监察监督功能，加强对重要岗位、重点部位、关键环节等事项的监督和监察工作，尤其要对工程建设、大宗采购等重大项目实施全过程的跟踪监察；围绕廉洁校园建设，加强政治纪律、组织纪律教育，加强对政治纪律执行情况的监督检查，纠正有令不行、有禁不止现象，严肃查处违反政治纪律行为，保证政令畅通；落实党风廉政责任制，做好干部选拔任用和调整配备工作，完善干部考核机制，严格落实责任追究制度。进一步完善校务公开制度，设置校务公开意见箱、监督电话，充分利用校园网、公告栏等及时将学校改革新举措、学校新闻、评优工作、教师职称评聘及其他重大决策、消息及上级部署的各项任务、信访处理意见等向全体教师公布，做到公开的内容全面、准确，公开的形式灵活、有效，公开的程序严密、规范，公开的档案齐全。建立健全办学信息向社会公开制度，发布年度人才培养质量报告和办学工作报告，使学院的教育和管理工作及时接受广大师生、家长和社会的监督。建好、用好教育阳光服务平台，为师生及社会公众提供优质便捷的服务。

五、救济机制现代化,保障师生合法权利

权力为权利而设,但权力不受制约就会侵害权利。与高职院校治理相关的权利侵害,主要表现为高职院校管理过程中因处分学生和教师形成的对学生受教育权与教师法律权利的侵害。

(一)建立完善的受教育权利救济制度

高等学校处分权(权力)与学生受教育权(权利)直接相关,但作为与高等学校学生处分权相对应的学生权利救济制度并不完善。高等学校学生受处分的权利救济只有《教育法》第42条对此做了原则性规定:"受教育者享有下列权利……(四)对学校给予的处分不服向有关部门提出申诉,对学校、教师侵犯其人身权、财产权等合法权益,提出申诉或者依法提起诉讼……"由于《教育法》颁行在1990年原国家教委颁行的"规定"之后,加之高等学校的法治意识不强,这一规定并未引起各高等学校乃至教育部的重视,使之细化为高等学校的内部管理规则。这一规定将学生处分的救济方式限定在申诉范围内,也就是将学生处分制度定性为高等学校内部管理制度,排除了学生权利救济的司法手段。在这个法治的时代,此规定显然违背了法治内涵中获得救济的原则,也不符合国际社会对特别权力关系修正后的共识。"对学校、教师侵犯其人身权、财产权等合法权益,提出申诉或者依法提起诉讼"的规定,进一步昭示了除学生的民事关系(财产权和人身权)外,高等学校与学生之间的其他关系不能提起行政诉讼。学生除人身权、财产权外的其他权利受到学校侵犯时,只能首先向学校的主管教育行政部门申诉,只有当学生对教育行政部门的申诉处理结果不服时,才能对学校的主管行政部门提起诉讼,学校只能作为行政诉讼的第三人参加诉讼。最典型的例证是"重庆某高等学校女学生怀孕被退学案",该生向人民法院提起行政诉讼,但法院以该案不属行政诉讼受案范围为由,驳回起诉,致使该生未能获得司法救济。"一种无法诉诸法律保护的权利,实际上根本就不是什么法律权利"。

因而,在学生的受教育权救济上,高等学校内部应当成立相应的申诉机构,建立完善的处分和申诉制度。美国斯坦福大学《学生司法章程》设专章(第二部分)规定了校内司法程序参与各方的基本权利。其中有关被控诉学生的权利项目多达21项。其主要权利有:"无罪推定"(to be considered innocent)的权利。获得书面告知其任何因行为不当的正式控诉的权利。这种书面告知主要包括所控诉案件的材料、证据、控诉不良行为的名称以及可能的相关证人名单等。并且,这里的证据是全面的,包含不利证据和有利证据（both incriminating and exculpatory）。选择公开听证的权利。获得司法咨询（judicial counselors）提供相关建议或指导等帮助的权利。当面接受司法陪审员（judicial panel）讨论案件的意见和书面答复的权利。被诉人可以根据自身意愿选择一个同伴，后者要陪伴前者完成整个司法调查和裁判过程。在这一程序中，同伴可以协助被控诉学生。在司法陪审团听证会（judicial panel hearings）上询问证人以及与之交叉盘诘（cross-examine）的权利。假若证人不愿或不能与被告"对簿公堂"，证人提供的证据很可能得不到重视。身份和指控意见保密的权利，但学生违纪案件处理司法规则中确定的特殊情形除外。拒绝"自证其罪"（self-incrimination）的权利。不被"双重指控"和"再次控诉"（becharged again）的权利。即不能对同一名学生因同一不良行为同时提起"一般违纪"（general violation）和"特别违纪"（specific misconduct）的控诉，亦不能在陪审团做出无罪裁决后，因同一违纪行为而再度被控诉。不受报复、胁迫、折磨以及恶意指控（malicious prosecution）的权利。及时获得裁判结果和对不利处理结果提起上诉（appeal）的权利。斯坦福大学这种保护学生权利的严格准司法制度，符合法治社会、高等教育大众化时代对学生权利保护的需要，也是高等学校自主权形成自我保护机制，即自律机制的需要，也是教育法治生长的基本途径。在落实申诉制度对学生权利保护的基础上，辅之以司法审查，既保障了高等学校的自治，也保护了作为公民基本权利的受教育权。

（二）完善高等学校内部教师权利救济制度

我国《教师法》第3条规定："教师是履行教育教学职责的专业人员，承担教书育人、培养社会主义事业建设者和接班人、提高民族素质的使命。教师应当忠诚于人民的教育事业。"根据这一法律规定，我们可以从专业上认定教师是从事教育教学的专业人员，但教师工作的目的是育人，是教育时代所需要的人。传统的观点认为，高等学校教师职业的特征是传授知识、创造知识。实际上传授知识或创造知识都只是教师职业的手段，教师职业的目的是"育人"，我们常说的"教书育人"正是教育手段与目的的结合。在历史上对教师职业的溢美之词很丰富，如"教师是蜡烛，照亮了别人，毁灭了自己"，"教师是太阳底下最光辉的职业"。我们中国人还专门把教师的祖师爷尊称为"至圣先师""文王""圣人"。这些都说明了教师职业的重要性。

高等学校自主权作为国家教育管理权的延伸，除了可能对学生的受教育权造成侵害外，也容易伤害教师的权利。在法律上，教师作为公民，具有公民的一切权利；作为事业单位职工，也有事业单位职工的纪律规范；但作为高等学校教师，高等学校教师是高级知识分子，具有较强的分析能力和理解

能力，民主意识、权利意识比较强。因此，高等学校自主权的行使一定要有严格的程序，以免侵害教师的权利；对高等学校教师的一切纪律处分都应当关注高等学校教师职业的特殊性，严格依法处理，尊重教师的程序正义诉求，促进高等学校的和谐。随着高等学校办学规模的不断扩大，在教学、科研、管理、生产经营、社会服务等工作中，高等学校自主权与教职工之间发生的矛盾、争议也越来越常见。建立校内争议裁决制度既维护了学校的管理秩序，又实现了学校管理中的教职工自治，体现了任何权利都可得到救济，任何纠纷都有对应的解决机制这一法治理念。所以通过建立高等学校内部教师权利救济制度，一方面有利于推进依法治校，另一方面有利于加强对高等学校自主权的监督和控制，也有利于保护教师职工的利益，至少增进了教师的程序性权利。

参 考 文 献

一、著作类

［1］李福华．大学治理的理论基础与组织架构［M］．北京：教育科学出版社，2008．

［2］严文清．中国大学治理机构研究［M］．北京：人民出版社，2011．

［3］于文明．中国公立高职院校多元利益主体生成与协调研究：构建现代大学制度的新视角［M］．北京：高等教育出版社，2007．

［4］孙霄兵．中国特色现代大学制度建设研究［M］．北京：教育科学出版社，2012．

［5］米俊魁．大学章程价值研究［M］．青岛：中国海洋大学出版社，2006．

二、论文类

［1］祁占勇．高等学校内部治理结构的完善与办学自主权的实现［J］．陕西师范大学学报（哲学社会科学版），2010（7）．

［2］湛中乐，徐靖．通过章程的现代大学治理［J］．法制与社会发展，2010（3）．

［3］赵成．大学治理的含义及理论渊源［J］．现代教育管理，2009（4）．

［4］蔡文伯，杨瑞旭．我国现代大学治理30年来的回溯与反思［J］．石河子大学学报，2008（10）．

［5］丁万星，申静，王颖．高校治理结构的法理探析［J］．河南社会科学，2008（5）．

［6］曹叔亮．美国大学治理管窥及对中国的启示［J］．航海教育研究，2005（4）．

［7］龚怡祖．大学治理：现代大学制度的基石［J］．教育研究，2009（6）．

［8］苏君阳．善治：大学治理权力结构的重构［J］．浙江社会科学，2007（5）．

［9］黄崴．公办高校法人治理结构及其构建［J］．高等教育研究，2008

(8).

［10］郎益夫. 中国公办高等学校治理结构与治理机制探析［J］. 黑龙江高教研究，2009（1）.

［11］张建. 教育治理体系的现代化：标准、困境及路径［J］. 教育发展研究，2014（9）.

［12］尹达. 教育治理现代化：理论依据、内涵特点及体系建构［J］. 重庆高教研究，2015（1）.

［13］何慧星，孙松. 论高校治理体系和治理能力现代化［J］. 高等农业教育，2014（9）.

后　　记

　　本书是我主持 2015 年度广州市哲学社会科学规划课题"法治视角下高职院校内部治理现代化研究"的最终成果。本书的出版离不开单位的支持、离不开领导的关心、离不开朋友的相助，更离不开家人的支持。

　　特别要感谢学院党委书记雷忠良博士、院长景广军博士、副院长马仁听教授等领导，给予本人工作的关心和支持；感谢院长办公室全体同仁的相依相助；感谢妻子刘波女士对我工作、生活的鼎力支持；感谢岳父母照料我的家庭生活；感谢兄长、姐姐们对我学习的倾力支持；感谢广东高等教育出版社黄跃升主任、郑泽宇编辑等为本书的编辑出版付出的辛劳。

欧阳恩剑
2017 年 3 月 10 日于华南师范大学